夫にもしものことがあったとき妻が読む本

税理士　小関勝紀・監修

はじめに

精神的にも経済的にも支えであった夫を失ったら…
そんなつらい状況でも、遺族にはしなければならないことがたくさんあります。
葬儀は、葬儀社のサポートや親戚の方などの力添えもあり、
悲しみと非現実感の中でも、流れるように過ぎていくことでしょう。
一方その後は、自身で行わなければならない数々の手続き、
さらには今後の生活設計についてなど、考えなければならないことが多く残ります。
初めて耳にする言葉や、初めて目にする書類ばかりで
とまどい、心細く思うことが多くあるでしょう。
本書では、そんなときの助けになるよう、働き盛りの夫が亡くなった場合を中心に
さまざまな手続きや届け出の解説、必要なもの、実際の書き方をていねいに紹介しました。
母子家庭が受けられる支援など、これからの生活についても
参考にしていただける資料を充実させています。
悩んだときには本書を手に取り、役立てていただければ幸いです。

2章 遺産相続について

手続き・届け出の書類の書き方 その2

3章 これからの生活に関すること

特集 もしものときに備えて家族のためにできること

夫が亡くなった直後に妻がすること

臨終から葬儀までは、決めることや用意するものが多いので、親族にも協力を仰ぎましょう。

〈全体の流れ〉

危篤・臨終 → 遺体搬送 → 葬儀の詳細を決める

〈妻がすること〉

親族へ連絡する

危篤と伝えられたら、親兄弟など、近しい親族に連絡をします。間に合わないと思っても、伝えることが大切です。

葬儀社を決める

病院で亡くなると、遺体の清拭《せいしき》後、設備の整った安置所に搬送します。搬送は葬儀社が行うことが多いため、すぐに葬儀社を決める必要があります。生前に決めていなかった場合は、病院で紹介してもらえます。

担当者と相談し火葬までのすべてを決める

搬送後は、葬儀社の担当者と葬儀の打ち合わせを行います。日時や会場、宗教者への依頼、祭壇・棺などの種類、返礼品、通夜ぶるまいや精進落としの内容などを、細かく決めていくことになります。つらいことですが、行いたいことや予算をしっかり伝えることが大切です。今後のいろいろな手続きのために必要な「死亡届」「死体火葬許可申請書」は、葬儀社が遺族の代わりに提出してくれることも多いようです。

通夜・葬儀の準備

参列してほしい人に連絡をする

親族や友人、仕事の関係者などへ葬儀の連絡をします。葬儀社が案内状を用意してくれるので、ファックスやメールで送るとよいでしょう。

遺影を選ぶ

葬儀社からいつまでにと求められるので、それまでに写真を用意します。

喪服、お金を用意する

自分や子どもの喪服を用意します。また、宗教者への謝礼や関係者への車代などを渡すこともあるため、少し多めに現金を用意したほうが安心です。

後飾りを迎える場所を整える

火葬の後は、遺骨とともに後飾りを自宅に迎えることになります。たたみ１畳ほどのスペースが必要なので、場所を用意しておきましょう。

通夜・葬儀・告別式

出棺のあいさつをする

葬儀後、出棺の前に喪主のあいさつを行うことが一般的です。葬儀社の例文などもありますが、素直な気持ちを話すとよいでしょう。

世話役から引き継ぐ

世話役などをしていただいたときには、葬儀・告別式の終了後、名簿や香典などを引き継ぎます。

後飾りを迎える

火葬後、遺骨を自宅に迎え入れます。後飾りの祭壇は葬儀社で整えてくれることが多いようです。

出棺・火葬

葬儀費用を支払う

葬儀社によりますが、葬儀の代金は、葬儀後１～２週間以内に支払うことになります。明細も届くので内容をきちんと確認しましょう。

あいさつ回り

勤め先に手続きも兼ねてあいさつに行く

できれば葬儀後早めに、関係者へあいさつに伺いましょう。会社勤めをしていた場合は、いろいろな手続きもあるため、連絡の上、用意していくものを確認しておくとよいでしょう。

各種手続きのスケジュール

葬儀が一段落すると、各種手続きや届け出を行わなければなりません。申請期限がある手続きもあるので、必要な手続きのスケジュールを把握しておきましょう。

日常生活に関する手続き

- 金融機関の名義変更（葬儀費用など立替できない場合）……P.18
- 世帯主の変更……P.28
- 健康保険の返却（健保5日以内、国保14日以内）
- 各種名義変更……P.29〜P.30
- 各種返却・解約……P.38
- 所得税準確定申告……P.24〜P.25　P.43〜P.45

すぐ｜14日以内（なるべく早く）｜3カ月以内｜4カ月以内

遺産相続に関する手続き

- 遺言書の有無を確認……P.60
- 家庭裁判所で遺言書の検認……P.60　P.76〜P.77
- 相続の承認・放棄……P.63　P.78〜P.79

10カ月以内

葬儀費用の補助金の受給……P.20〜P.21　P.40〜P.42

2年以内

高額療養費制度の申請……P.26〜P.27　P.46〜P.47

死亡一時金の申請（死亡一時金をもらう場合のみ）……P.32　P.51

3年以内

死亡保険金の請求……P.22〜P.23

5年以内

遺族補償年金給付金の申請（労災によって死亡した場合）……P.34　P.56

遺族年金の申請（死亡一時金をもらっていない場合）……P.32〜P.33　P.48〜P.50　P.52〜P.55

10カ月以内

遺産分割協議……P.65　P.80〜P.83

相続財産の名義変更（遺産分割協議を必要とするもの）……P.31

相続税の申告・納付　※相続開始日（亡くなったことを知った日）の翌日から10カ月以内……P.67　P.84〜P.87

2年以内

遺《い》留《りゅう》分《ぶん》減《げん》殺《さい》請《せい》求《きゅう》　※侵害を知った日から1年以内……P.156

CHECK LIST

夫が亡くなったときに **妻が行うべき手続き ▶ チェックリスト**

葬儀が終わった後に行わなければならない身の回りの手続きや、遺産相続をするときに行うことなどをまとめました。場合によって、必要な手続きもあるので、各自確認しましょう。

名義変更が必要なもの		
内容	解説	チェック欄
□ 金融機関の口座	P.18	
□ 世帯主の変更	P.28	
□ 電気料金	P.29	
□ ガス料金	P.29	
□ 上下水道	P.29	
□ NHK受信料	P.29	
□ 携帯電話（家族契約などで、故人が主回線だった場合）	P.29	
□ インターネットのプロバイダ	P.29	
□ 電話加入権（NTT固定電話）	P.29	
□ 故人が契約者で故人以外が被保険者の保険契約	P.29	
□ 住宅の賃貸契約	P.30	
□ 駐車場の賃貸契約	P.30	
□ 自動車の所有権	P.31	
□ 土地、建物の所有権移転登記	P.31	
□ 株式、公社債	P.31	

返却・解約・停止が必要なもの		
内容	解説	チェック欄
□ 健康保険証の返却	P.38	
□ 国民健康保険証の返却	P.38	
□ 運転免許証の返却	P.38	
□ パスポートの返却	P.38	
□ クレジットカードの解約	P.38	
□ 住民基本台帳カードの返却	P.38	
□ マイナンバーカードの返却	P.38	
□ 介護保険証の返却	P.38	
□ 印鑑登録証明書の廃止	P.38	
□ 調理師免許など、各種資格・免許の返却	P.38	
□ スポーツクラブや百貨店の会員証の返却・解約	P.38	

遺族年金など請求の申請が必要なもの		
内容	解説 記入見本	チェック欄
葬儀費用の補助金の申請		
□ 埋葬料（費）（健康保険に加入の場合）	P.20 P.40～41	
□ 葬祭費（国民健康保険に加入の場合）	P.21 P.42	
□ 葬祭料（労災保険に加入の場合）	P.20	

遺族年金など請求の申請が必要なもの

内容	解説 記入見本	チェック欄
死亡保険の申請		
□ 生命保険の死亡保険	P.22	
□ 簡易保険、共済などの死亡保険	P.23	
□ 準確定申告の申請	P.24 P.43~45	
□ 高額療養費の申請	P.26 P.46～47	
遺族年金の申請		
□ 遺族基礎年金	P.32～33、P.96 P.48～50	
□ 寡婦年金	P.32、P.98 P.52～53	
□ 死亡一時金	P.32、P.99 P.51	
□ 遺族厚生年金	P.33、P.97 P.54～55	
□ 中高齢寡婦加算	P.33、P.100	
□ 遺族補償年金給付金など労災保険	P.34 P.56	

遺産相続に関すること

内容	解説 記入見本	チェック欄
□ 遺言書の有無・検認（遺言書が見つかった場合）	P.60 P.76～77	
相続人がだれかの確認・調査、決定		
□ 戸籍謄本を発行	P.61	
□ 相続人の決定	P.61	

CHECK LIST

遺産相続に関すること		
内容	解説 記入見本	チェック欄
相続財産の調査		
□ 預貯金の確認	P.62	
□ 株式・公社債の確認	P.62	
□ 不動産の確認	P.62	
□ 家財道具・乗物・そのほかの財産の確認	P.62	
□ 生命保険金の確認	P.62	
□ マイナス財産の確認	P.62	
□ 相続限定承認の申し立てを行う	P.63	
□ 相続放棄の申し立てを行う	P.63 P.78～79	
□ 相続財産の評価を行う	P.64	
遺産分割協議を行う		
□ 相続分の分割方法を決める	P.65	
□ 遺産分割協議書の作成	P.65 P.80	
□ 遺産分割調停・審判の申し立て	P.71 P.81～83	
相続税の計算		
□ 相続総額を算出する	P.66、P.68	
□ 基礎控除額を算出する	P.66、P.68	
□ 課税価格の総額を算出する	P.66、P.69	

遺産相続に関すること

内容	解説 記入見本	チェック欄
□ 各相続人の相続税額を算出する	P.66、P.69	
□ 相続税の総額を算出する	P.66、P.70	
□ 相続割合に応じて相続税の総額を分ける	P.66、P.70	
相続税の申告・納付	P.67 P.84～87	

その他、必要に応じて行う手続き

内容		解説	チェック欄
母子家庭優遇制度を使う	□ 児童扶養手当	P.120、P.122	
	□ ひとり親家庭医療費助成制度	P.120	
	□ 母子父子寡婦福祉資金	P.121	
	□ マル優・特別マル優制度	P.121	
	□ 寡婦控除の確認	P.121	
祖父母から教育費の援助を受ける	□ 教育資金の一括贈与制度を利用する	P.123	
	□ 暦年課税の基礎控除制度を利用する	P.123	
再婚する	□ 遺族年金失権届	P.104	
再婚相手によって、扶養形態が変わる	□ 被扶養者（異動）届	P.105	
	□ 国民年金第3号被保険者該当（種別変更）届	P.105	

CHECK LIST

その他、必要に応じて行う手続き

内容		解説 記入見本	チェック欄
教育費の助成金制度を利用する	□ 就学費援助制度	P.125	
	□ 私立幼稚園就園奨励補助金	P.125	
	□ 私立高等学校授業料軽減助成金	P.125	
	□ 高等学校等就学支援金	P.125	
	□ 日本学生支援機構の貸与型奨学金	P.127	
夫の事業を引き継ぐ	□ 廃業届	P.128	
	□ 開業届	P.128	
	□ 青色申告取りやめ届出書	P.128	
	□ 青色申告承認申請書	P.128	
	□ 課税事業者選択届出書	P.128	
法人の経営権を引き継ぐ	□ 役員変更登記	P.129	
姻族関係の解消、旧姓に戻す	□ 姻族関係終了届	P.134 P.135	
	□ 復氏届	P.134、P.136 P.137	
子どもの姓を旧姓に変更する	□ 子の氏の変更許可申立書	P.138 P.139 ～ 140	
	□ 入籍届	P.138 P.141	

手続きに必要な主な書類一覧

葬儀後の手続きには、たくさんの書類が必要になります。
発行してもらう必要がある書類には、複数の手続きで必要なものもあるので、
枚数を確認してから取得するとよいでしょう。

書類	内容	申請手数料	請求先など
住民票	現在住んでいる場所を証明するもの	300円前後	住所地の市区町村役場、またはインターネットサイトから請求可能 ※郵送でも請求可能
戸籍謄本 「戸籍全部事項証明書」	戸籍に記載されている全員の身分関係を証明するもの	450円	本籍地の市区町村役場 ※郵送でも請求可能
戸籍抄本 「戸籍部分事項証明書」	戸籍原本から指定した人だけを写したもの	450円	本籍地の市区町村役場 ※郵送でも請求可能
除籍謄本 「除籍全部事項証明書」	戸籍から除かれた人の全員が除籍簿として保管されているもの	750円	本籍地の市区町村役場 ※郵送でも請求可能
除籍抄本 「除籍部分事項証明書」	除籍原本から指定した人だけを写したもの	750円	本籍地の市区町村役場 ※郵送でも請求可能
印鑑登録証明書	登録印が実印であることを証明するもの	300円前後	登録している市区町村（住民登録地）役場
マイナンバーカード	個人番号を証明する書類や本人確認の際に使う公的な身分証明書	―	―
年金手帳	公的年金の加入者に交付される、年金に関する情報が記載された手帳	―	―
健康保険証	健康保険の加入を証明するもの	―	―
預金通帳（口座番号）	金融機関の預金者であることを示す冊子。銀行名称、店舗名、口座番号、口座名義などが記載されている	―	―

※書類をまとめて取得する際は、その書類の有効期限を確認し、手続きに使用するようにしましょう。

1章

夫が亡くなったときに行う手続き

01

金融機関の名義変更の手続き

故人名義の預貯金を引き出すには、相続人による名義変更や解約手続きが必要です。

▼期限　**死亡確認後すぐ**

故人の口座は凍結され勝手に使われるのを防ぐ

銀行などの金融機関の口座にある故人名義の預貯金は、相続財産です。遺産分割や相続税の対象となるため、亡くなった時点で残っている金額をはっきりさせる必要があります。

そこで、金融機関は、遺族などからの死亡の連絡を受けると、故人の口座から相続財産を勝手に使われないよう、口座を凍結します。凍結された口座は、名義変更や解約などの手続きを完了しないと、入出金ができなくなります。

公共料金の引き落としもできなくなるので注意

故人の口座から公共料金などの引き落としを行っている場合も、口座凍結により振替ができなくなります。

引き落としができなかった場合は、各会社より引き落とし不能のお知らせが届きますが、余裕があれば、早めに振替口座を変更する手続きをするとよいでしょう。

手続きが間に合わない場合は、請求書を発行してもらい、引き落としができなかった分を現金払いにすることもできます。

葬儀費用などが故人名義の口座に預けてあるときは

葬儀費用など、死後すぐに必要なお金は、凍結前に引き出しておくとよいでしょう。ただし、使った金額は領収書などでわかるようにしておきます。

引き出す前に凍結されてしまった場合は、相続人の誰かが葬儀費用などを立て替え、遺産分割協議が完了した後に、相続財産から清算する方法もあります。どうしても引き出したいときは、金融機関に相談後、葬儀費用相当の引き出しに応じてもらえる場合もあります。

◆ 凍結口座を解除する手続き ◆

ゆうちょ銀行

遺産分割を決定する ➡ P.65 参照

↓

ゆうちょ銀行で「法定相続人の同意書」をもらう

↓

▶必要なもの

- □ ゆうちょ銀行の「法定相続人の同意書」（相続人全員の署名・実印）
- □ 手続きをする代表者の認印（実印が必要とされる場合もある）
- □ 手続きをする代表者の本人を証明するもの（運転免許証など）
- □ 引き出したい預金通帳

↓

窓口で手続きを行う

銀行

遺産分割を決定する ➡ P.65 参照

↓

電話や窓口で必要書類を確認する

↓

▶必要なもの

- □ 故人の戸籍謄本（または除籍謄本）
- □ 法定相続人全員の戸籍謄本
- □ 法定相続人全員の印鑑登録証明書・実印
- □ 手続きをする代表者の実印
- □ 手続きをする代表者の本人を証明するもの（運転免許証など）
- □ 引き出したい預金通帳
- □ 遺産分割協議書

↓

窓口で手続きを行う

※信用金庫、信用組合など、それぞれの金融機関によって異なるので、確認しておくとよいでしょう。

遺産分割協議が整わないと手続きが長引くことも

故人の口座の名義変更や解約には、遺産分割協議書や遺言書など、誰が故人の口座を相続したかがわかる書類を提出しなければなりません。相続人が多くなかなか書類が集まらなかったり、遺産分割協議が難航してしまった場合は、手続きが長引くこともあります。

用語解説

「法定相続人」とは

民法で定められた相続人のこと。故人の配偶者と一定範囲の親族に相続権が生じる。配偶者は必ず相続権があり、配偶者以外は第1順位から第3順位まで、優先順位の高い順から相続人となる。 ⬇P61参照

02

葬儀費用の補助金に関する手続き

加入している健康保険から、「埋葬料」または「葬祭費」の支給が受けられます。

▼期限 2年以内

夫が健康保険に加入していた場合

健康保険から「埋葬料」5万円

会社員など、健康保険加入者が亡くなったときは、その家族に一律5万円の「埋葬料(費)」が支給されます。すでに退職して資格を喪失しても、失効から3カ月以内であれば請求することができます。「埋葬料」は死亡の事実があれば、葬儀を行わなくても支給してもらえます。申請期限は、死亡した日の翌日から2年以内です。

申請窓口は協会けんぽまたは年金事務所

手続きは、勤務先を管轄する全国健康保険協会(協会けんぽ)の支部、あるいは年金事務所の窓口または郵送で行います。業務上や通勤途中の災害で亡くなった場合には、労災保険から「葬祭料」がもらえます。その場合は、労働基準監督署に申請します。いずれも、勤務先で手続きをしてもらえる場合もあるので、会社に問い合わせましょう。

手続きに際して

▶必要なもの

- □ 健康保険埋葬料支給申請書
- □ 事業主の証明

【事業主の証明がない場合は下記のいずれか1つ】

- ・埋葬許可証のコピー
- ・火葬許可証のコピー
- ・死亡診断書のコピー
- ・死体検案書のコピー
- ・検視調書のコピー
- ・亡くなった方の戸籍謄本（または戸籍抄本、除籍謄本、除籍抄本のいずれか）
- ・住民票

- □ 健康保険証
- □ 埋葬の領収書
- □ 印鑑※

▶届け先

勤務先を管轄する協会けんぽの支部または年金事務所

▶期限

死亡した日の翌日から2年以内

※本書では「印鑑」とは認印または実印のことをさします。

夫が国民健康保険に加入していた場合

国民健康保険から「葬祭費」1~7万円

自営業従事者や農業従事者などの国民健康保険加入者が亡くなったときは、葬儀を行った人に対して「葬祭費」が支給されます。

健康保険と違い、葬儀を行わない場合は支給対象になりません。申請には葬儀代であることがわかる領収書の原本が必要です。火葬のみや会食代のみの領収書では受け付けてもらえません。

国民健康保険は市区町村が運営しているため、各市区町村により支給額が異なります。おおむね3~5万円が多いようですが1万円という市区町村や、東京23区のように7万円支給する自治体もあります。

申請窓口は市区町村役場の国民健康保険係

手続きは、各市区町村役場の国民健康保険を取り扱う窓口で行います。申請には、夫の保険証、印鑑、葬儀の領収書などが必要です。

これ以外にも役場で行う手続きは多いので、夫の保険証の返却、世帯主変更、戸籍謄本・住民票の取得など、できそうなものは、少しでも一緒にすませておくと、手間が省けます。

手続きに際して

▶必要なもの

- □ 国民健康保険葬祭費支給申請書
- □ 亡くなった人の保険証
- □ 葬儀費用の領収書など
- □ 印鑑
- □ 振込先口座番号

▶届け先　市区町村役場

▶期限

葬儀を行った翌日から2年以内

03 生命保険に関する手続き

生命保険に入っていたときは、契約内容に応じて死亡保険金を請求しましょう。

▼期限 2年または3年以内

支払い請求をして死亡保険金を受け取る

夫が民間保険会社の「生命保険」や、勤務先を通して契約する「団体保険」や「財形保険」などに加入していたときは、すぐに保険会社に連絡し、死亡保険金の請求手続きを行いましょう。

生命保険は保険法で請求期限が3年と定められています（※）。請求しなければ、保険金はもらえなくなってしまいますので、期限内に必ず手続きをしてください。

問い合わせるときは、保険証券を用意しておくとよいでしょう。

◆ 生命保険の請求から受け取りまで ◆

被保険者が死亡

1 保険会社に連絡する

被保険者の名前、保険証番号、死亡日時、死因、受取人の氏名などを伝える。

↓

保険会社から支払請求書が届く

2 「死亡保険金支払請求書」を提出する

必要事項を記入し、必要書類を添付して返送する。

↓

3 支払いを確認する

↓

保険金が振り込まれる

※保険会社の約款による支払期限までに受け取り内容・明細書が届きます。

（※）ただし、損害保険、共済など2年の場合もあります。

1 保険の種類と受取人を確認し保険会社に連絡する

故人が加入している生命保険の保険証券を見て、保険の種類や保険会社、死亡保険金の受取人が誰かを確認してください。

死亡保険金は、受取人に指定されている人が、保険会社に連絡し手続きを行います。受取人の指定がないときは、法定相続人の第1順位の人（配偶者がいれば配偶者）が、請求手続きをします。

保険の例

- 生命保険
- 簡易保険
- 共済
- 勤務先の団体生命保険
- そのほか（家族に知らせず加入していることもあるので確認する）

2 支払請求書に必要書類を添付し保険会社に提出する

死亡保険の請求の仕方は、加入する保険会社によって多少異なります。保険会社から送られてくる「死亡保険金支払請求書」に記入し、保険会社が指定する必要書類を集め、手続きを進めましょう。

勤務先の「団体保険」などについては、会社の担当者に連絡し、手続きを依頼しましょう。

手続きに際して

▶必要なもの

☐ 各保険会社の支払請求書
☐ 保険証券
☐ 保険受取人の身元がわかるもの（運転免許証、健康保険証など）
☐ 夫の住民票（または除籍票）
☐ 夫の戸籍謄本（または戸籍抄本）
☐ 死亡診断書
☐ 振込先口座番号　など

※保険会社により異なります

▶届け先

各保険会社、団体保険などは勤務先

3 保険会社から保険金が振り込まれる

保険会社に必要書類を返送し、内容が確認されれば、保険金が指定の口座に振り込まれます。支払期限は各保険会社が約款《やっかん》に定めており、おおむね1週間程度です。

死亡保険金は、全額一括で受け取るか、年金のように分割で受け取るか、保険会社に所定の利率で預けておくこともできます。

次のケースに当てはまると保険金は支払われません

- 病歴や健康状態の告知内容が事実と違っていた
- 保険料を支払っていなかった
- 詐欺や不法な目的による取得などの契約違反

04 故人の確定申告に関する手続き

故人が自営業従事者だった場合、または医療費控除を受ける場合は、所得税の「準確定申告」をしましょう。

▼期限
4カ月以内

自営業を営む場合は準確定申告が必要

自営業を営む場合、毎年2月16日から3月15日までの間に、前年1月1日から12月31日までの1年間で得た所得を税務署に申告し、所得税を納める「確定申告」を行っています。

このように、確定申告を行わなければならない人が、年の途中で亡くなった場合は、その年の1月1日から亡くなった日までの所得金額を、相続人が故人に代わって税務署に申告しなければなりません。これを「準確定申告」といいます。申告の期限は、死亡を知った日の翌日から4カ月以内です。

準確定申告でも、死亡の日までの医療費控除や社会保険料、生命保険料の控除などを受けることができます。必要な領収書などを添付し申告書を提出しましょう。

手続きに際して

▶必要なもの
- □準確定申告書
- □確定申告書付表
- □故人の死亡日までの所得がわかる書類
- □生命保険料・損害保険料などの領収書
- □医療費の領収書
- □相続人の印鑑
- □申告者（相続人代表）の身元のわかるもの（運転免許証、健康保険証など）

▶届け先

死亡当時の納税地の税務署

こんな場合は…

夫が会社員だった

年末調整を行っていれば不要

会社員の場合は、死亡退職者として、亡くなった日までの給与について、勤務先が年末調整の手続きを行います。年末調整が行われていれば、準確定申告を行う必要はありません。

準確定申告が必要かどうか確認しましょう

会社員でも2カ所以上から給与を受けていた人や、年収が2千万円を超える人、また給与や退職金以外の収入が20万円以上ある場合や、医療費控除を受ける際には、準確定申告が必要になります。

医療費控除の計算の方法

支払った医療費の総額
（亡くなった人が1月1日から死亡日までにかかった医療費）

から

保険などから支給された金額
（払い戻された高額療養費、生命保険、損害保険からの補填金《ほてんきん》）

を差し引く。さらに

10万円
※総所得額が200万円未満の人は総所得金額などの5%

を差し引く。

医療費控除額（最高200万円）

※健康食品や健康診断、入院時の差額ベッド代は医療費控除額に含まれません。

05 高額療養費制度に関する手続き

故人の医療費の自己負担額が高額になったときは、金額の一部を払い戻してもらえます。

▼期限 **2年以内**

自己負担額が一定額を超えると支給される

「高額療養費制度」とは、病気やケガの入院や治療代が一定額を超えて高額になったとき、申請により支払った医療費の一部を返還してもらえる制度です。

ただし、差額ベッド代、食事代、保険のきかない治療については対象外となります。

該当する世帯には、診察から3カ月程度で市区町村から申請書が送付されます。申請できる期限は、診療を受けた月の翌月1日から2年以内です。

1カ月の自己負担額の上限は条件によって異なる

高額療養費は、同一世帯の医療費の合計額で申請します。1カ月の自己負担限度額は、世帯収入によって異なります。

手続きに際して

▶必要なもの

- □健康保険高額療養費支給申請書
- □医療機関の領収証
- □振込先口座番号
- □印鑑

▶届け先

市区町村の役場、年金事務所、健康保険組合

こんな場合は…

保険加入者が70歳未満

2万1000円以上の負担が複数あれば計算対象に

自己負担限度額は、自営業は年間所得、会社員は標準報酬月額を基準に5段階に分かれます。限度額に達しなくても、同一世帯または複数の医療機関でひと月に2万1000円以上の負担が2件以上あるときは、合算して限度額を超えた分が支給されます。

こんな場合は…

保険加入者が70歳以上

現役並みの収入がある人は自己負担限度額が高くなる

外来は個人単位、入院した場合は外来＋入院を世帯単位で1カ月分の医療費を計算します。自己負担額は、①現役並み所得者②一般③住民税非課税世帯（低所得Ⅱ・Ⅰ）に分かれており、収入が高いほど多くなります。

高額医療費の計算方法

70歳未満の場合

所得区分	自己負担限度額
標準報酬月額 83万円以上	25万2600円 ＋（総医療費－84万2000円）×1%
標準報酬月額 53～79万円	16万7400円 ＋（総医療費－55万8000円）×1%
標準報酬月額 28～50万円	8万100円 ＋（総医療費－26万7000円）×1%
標準報酬月額 26万円以下	5万7600円
低所得者 （被保険者が市区町村民税の非課税者など）	3万5400円

例）標準報酬月額40万円で総医療費が90万円だったら自己負担額は…

8万100円 ＋（90万円－26万7000円）× 0.01＝8万6430円

用語解説

「健康保険」とは

日本では、国民皆保険制度により、職業や年齢に応じた公的医療保険に加入が義務付けられている。この制度により、誰でも1割～3割の自己負担で病気やケガの治療を受けることが可能。

こんな場合は…

高額負担が4カ月目以降

自己負担限度額が低くなる

同じ世帯で診療を受けた月以前の12カ月に、高額療養費の支給を3カ月以上受けた場合は、4カ月目以降から自己負担限度額が軽減され、一定の金額に抑えられます。これを「多数該当」といいます。

06 名義変更に関する手続き

世帯主の変更や、故人の名前で契約しているものは早めに名義変更をしましょう。

世帯主の変更

▼期限 **死後14日以内**

今後の家計を支える人が新たな世帯主になる

世帯主が亡くなり、15歳以上の家族が二人以上いるときは、14日以内に市区町村役場に「世帯主変更届」を提出します。

新たな世帯主には、今後の家計を支える人がなります。たとえば今後、妻と子で生活するとき、妻の収入で生活する場合は妻が、子の収入で生活する場合は子が世帯主となります。

世帯主変更届が不要な場合もある

ただし、夫婦二人暮らしの世帯で世帯主の夫が亡くなった場合や、子がまだ15歳未満である場合には、世帯主変更届は出す必要がありません。

このようなケースでは、世帯主になる資格のある人は、妻のみであることが明らかであるため、世帯主の死亡届を出した段階で、自動的に妻が世帯主となります。

手続きに際して

▶必要なもの
- ☐ 世帯主変更届
- ☐ 本人確認ができるもの
- ☐ 印鑑

▶届け先

市区町村役場

こんな場合は…

18歳未満の子どもがいる

14日以内に児童扶養手当の申請が必要

親のどちらかが亡くなり、ひとり親家庭になったときは、「児童扶養手当」が受けられます。支給金額は、申請者の所得金額と扶養する子どもの人数によって異なります。 ➡P.122参照

公共料金などの名義変更

公共料金は各社に電話で確認

電気、ガス、水道などの公共料金をはじめ、故人の名義で契約していたものを引き続き利用するときは、すみやかに名義変更の手続きを行いましょう。

まずは、契約している電力会社、ガス会社、水道局などに電話連絡し、契約者を変更することを知らせてください。

料金の支払いを、故人の口座から引き落としにしている場合は、口座が凍結されてしまいますので、金融機関で引き落とし口座の変更手続きも行う必要があります。

手続きに際して

電気・ガス・水道

電力会社、ガス会社、水道局の各お客様センターに電話連絡
（振替口座変更は各金融機関で申し込み）

▶届け先
電力会社・ガス会社・水道局

▶期限 **次の引き落としまで**

携帯電話、インターネットのプロバイダー

各携帯会社、通信会社により手続きが異なる

▶必要なもの
- □ 契約者が亡くなったことがわかる書類（死亡診断書など）
- □ 承継される方の本人確認ができるもの（運転免許証など）

▶届け先
携帯電話会社・通信会社

▶期限 **次の引き落としまで**

NHK

フリーダイヤルまたはインターネット上で変更可能

▶届け先　NHKふれあいセンター

▶期限 **次の引き落としまで**

固定電話

▶必要なもの
- □ 電話加入権承継・改称届出書
- □ 死亡事実と相続関係が確認できる書類（戸籍謄本・抄本、遺言書など）

▶届け先
NTT各社の加入権センター

▶期限 **次の引き落としまで**

生命保険・損害保険

保険契約者の変更、振替口座の変更または解約手続きを行う

▶届け先　各保険会社

▶期限 **遺産分割が決定次第**

住居・駐車場の賃貸契約の名義変更

▼期限 なるべく早く

家主や管理会社へ まずは電話で連絡する

賃貸住宅や月極駐車場などの契約は、借主が亡くなっても期間満了日まで続きます。同居していた妻や子どもは、そのまま同じ家に住み、駐車場も継続して使用できます。

ただし、家主や管理会社には早めに連絡を取りましょう。契約書は契約期間満了まで有効ですが、公営住宅など、すぐに名義変更の手続きが必要な場合もあります。また、連帯保証人の変更などがある場合も、契約書の書き換えが必要になります。家主や管理会社と相談の上、手続きを進めましょう。

手続きに際して

▶必要なもの
- □ 本人確認書類
- □ 戸籍謄本
- □ 住民票
- □ 連帯保証人の印鑑証明書 など

※物件により異なります

▶届け先
- ・管理不動産会社または家主
- ・UR、公営住宅の場合は各地の管理センターなど
- ・借地の場合は地主

こんな場合は…

持ち家に住んでいる

家族が引き続き住む場合は、早めに登記の変更を

基本的に土地・建物は遺言書または遺産分割協議書をもとに売却したり、登記の変更を行います。妻子が相続して引き続き住む場合は、早めに最寄りの法務局で所有権移転の登記手続きを行いましょう。手続きには、故人と相続人の戸籍謄本、住民票、固定資産評価証明書など多くの書類が必要です。

こんな場合は…

実家に戻る、または転居

現在の契約を解除する手続きを

契約書に従って退去の手続きを取りましょう。一般的に契約途中の退去の場合は、貸主へ退去の30日前に解約の申し入れを行います。すぐに退去する場合は、30日分の家賃を支払えば、契約を解除できます。退去後はハウスクリーニング代や原状回復費用を清算し敷金の返還を受けます。

自動車、株式、不動産の名義変更

相続により権利を移転させる

不動産や預貯金だけでなく、故人名義の自動車、株式や公社債などは、相続対象となる財産の一部です。

これらの名義を変更するには、誰がその権利を引き継ぐかがわかる「遺言書」か「遺産分割協議書」が必要になります。「遺言書」がない場合は、早めに相続人同士で話し合いをしましょう。

名義変更には、申請書のほか戸籍謄本や住民票などが必要になりますので、あらかじめ必要な枚数を確認し、役所でまとめて取っておくと便利です。

手続きに際して

自動車

▶必要なもの
- □ 申請書
- □ 自動車車検証
- □ 戸籍謄本
- □ 遺言書（または遺産分割協議書）
- □ 相続人の印鑑証明書
- □ 車庫証明書
- □ 手数料納付書　　など

▶届け先　管轄の運輸支局・自動車検査事務所

▶期限　**相続決定後、なるべく早く**

株式・公社債

口座のある証券会社などで、売却または名義変更を行う

▶必要なもの
- □ 証券会社など所定の書類
- □ 故人の戸籍謄本
- □ 相続人の戸籍謄本
- □ 相続人の印鑑証明書
- □ 遺言書（または遺産分割協議書）

など

※証券会社により手続きが異なります

▶期限　**相続決定後、なるべく早く**

土地、建物

管轄法務局で相続人への所有権移転登記を行う

▶必要なもの
- □ 所有権移転登記申請書
- □ 遺言書または遺産分割協議書
- □ 故人の戸籍謄本・改製原戸籍・除籍謄本
- □ 相続人の戸籍抄本・住民票・印鑑証明書
- □ 相続関係説明図
- □ 固定資産評価証明書
- □ 不動産登記簿謄本
- □ 登録免許税（印紙）　　など

▶届け先　不動産の管轄法務局

▶期限　**相続決定後、なるべく早く**

07 遺族年金に関する手続き

各種年金加入者が亡くなったときは、条件により遺族年金をもらうことができます。もらえる遺族年金はP95の遺族年金チャートで確認しましょう。

▼期限 **2~5年以内**

夫が国民年金に入っていた場合

条件によって3種類のうち1つを受け取れる

故人が国民年金加入者の場合、遺族は「遺族基礎年金」「寡婦年金」「死亡一時金」のうち、条件にあえば、いずれかを受給することができます。「遺族基礎年金」は子どもがいる配偶者または子に支給され、子どもがいない人は、要件により「寡婦年金」または「死亡一時金」を受け取れます。(➡P96、98~99)

手続きに際して

遺族基礎年金

▶必要なもの
- ☐ 年金請求書
- ☐ 故人の年金手帳
- ☐ 戸籍謄本
- ☐ 世帯全員の住民票
- ☐ 故人の住民票の除票
- ☐ 請求者の収入が確認できる書類
- ☐ 子の身分または収入が確認できる書類
- ☐ 死亡診断書
- ☐ 受取金融機関通帳
- ☐ 印鑑

▶届け先
市区町村役場または年金事務所

▶期限 **5年以内**

寡婦年金

▶必要なもの
- ☐ 年金請求書
- ☐ 故人の年金手帳
- ☐ 戸籍謄本
- ☐ 世帯全員の住民票
- ☐ 故人の住民票の除票
- ☐ 請求者の収入が確認できる書類
- ☐ 受取金融機関通帳
- ☐ 印鑑

▶届け先
市区町村役場または年金事務所

▶期限 **5年以内**

死亡一時金

▶必要なもの
- ☐ 国民年金死亡一時金請求書
- ☐ 故人の年金手帳
- ☐ 故人と請求者の住民票
- ☐ 受取金融機関通帳
- ☐ 印鑑

▶届け先
市区町村役場または年金事務所

▶期限 **2年以内**

夫が厚生年金に入っていた場合

条件に当てはまるものはすべて受け取れる

故人が厚生年金の加入者で、保険料を25年以上納めるなど、老齢年金の受給資格を持っていれば、「遺族厚生年金」を受け取ることができます。故人に生計を維持されていた家族であれば、妻子に限らず、孫、父母、祖父母でも、幅広く支給対象となります。（➡P97）

妻に18歳未満の子どもがいれば、「遺族基礎年金」も受け取れます。（➡P96）また、妻が40歳以上65歳未満で、子どもがいない場合は、65歳になるまで「中高齢寡婦加算」が上乗せで支給されます。（➡P100）

手続きに際して

遺族厚生年金

▶必要なもの
- □ 年金請求書
- □ 故人の年金手帳
- □ 戸籍謄本
- □ 世帯全員の住民票
- □ 故人の住民票の除票
- □ 請求者の収入が確認できる書類
- □ 子の身分または収入が確認できる書類
- □ 死亡診断書
- □ 受取金融機関通帳
- □ 印鑑

▶届け先　年金事務所

▶期限　5年以内

遺族基礎年金

▶必要なもの
- □ 年金請求書
- □ 故人の年金手帳
- □ 戸籍謄本
- □ 世帯全員の住民票
- □ 故人の住民票の除票
- □ 請求者の収入が確認できる書類
- □ 子の身分または収入が確認できる書類
- □ 死亡診断書
- □ 受取金融機関通帳
- □ 印鑑

▶届け先
市区町村役場または年金事務所

▶期限　5年以内

中高齢寡婦加算

⇒遺族厚生年金受給手続きと併せて申請　▶期限　5年以内

08 死因別による手続き

故人が亡くなった理由によって、さまざまな手続きが発生する場合があります。

▼期限 5年以内

業務中に亡くなった場合

業務中や通勤途中に亡くなると労災の対象に

故人の勤務先が労災保険（労働者災害補償保険）に加入していて、死亡の原因が業務上や通勤途中の災害や病気、ケガによるものの場合、遺族は「遺族補償給付」がもらえます。また、葬祭料として31万5000円に平均賃金の30日分を加えた額が支給されます。

労災の補償対象は、正社員だけではなく、契約社員やアルバイト、パート従業員も含まれます。受給できるのは、故人が生計を維持していた配偶者、子、父母、孫、祖父母、兄弟姉妹です。

死因が労災認定されれば給付金が支給される

「遺族補償給付」には「遺族補償年金」と「遺族補償一時金」がありますが、一時金は死亡時に給付を受け取る遺族がいないなど、特別な場合のもので、通常は「遺族補償年金」が支給されます。

給付を受けるには、死因が「業務上の労災」と認められなければなりません。休憩中や通勤途中の私的な立ち寄りなどでは、認められないケースもあります。

手続きに際して

▶必要なもの
- □ 遺族補償年金支給請求書
- □ 死亡診断書のコピー
- □ 戸籍謄本（または戸籍抄本）
- □ 故人により生計を維持されていたことを証明する書類（子なら在学証明書など）

など

▶届け先

事業所を管轄する労働基準監督署

自動車事故の被害者の場合

保険から治療費や葬祭料逸失利益などが支払われる

故人が自動車やバイクの運転中に交通事故の被害者として亡くなったときは、運転者に加入が義務付けられている「自賠責保険」から、治療費、入院費、葬祭料、慰謝料、逸失利益《いっしつりえき》（本来得られるはずだった所得など）が支払われます。

自賠責保険から出る保険金は最高３０００万円です。損害が上限額を超えた場合は、加害者が支払います。加害者が任意保険に加入していれば、オーバーした金額の支払いに任意保険を使うことができます。

自賠責保険

交通事故の被害者を救済するため、原付を含むバイクと自動車に法律で加入が義務付けられており、未加入や保険証不携帯には罰則があります。支払限度額は３０００万円で、被害者請求は死亡してから3年以内です。

任意保険

自賠責保険では補償しきれない部分を補うため、自動車所有者が任意で加入する保険です。保険会社やプランにより、補償限度額が異なります。示談交渉のための、弁護士費用など補償特約がついた保険もあります。

こんな場合は…

自損事故

自賠責保険では補償されない

自賠責保険はあくまで、被害者救済のための保険です。自らの運転ミスで死傷したなどの「自損事故」の場合は、補償がありません。任意保険では、契約内容によって、死亡保険金や治療費などが支払われる場合もあります。

こんな場合は…

加害者も死亡した

加害者の相続人に損害賠償を請求

交通事故の加害者も死亡してしまったときは、加害者の相続人が損害賠償責任を負います。加害者に相続人がいるか確認し、連絡を取りましょう。ただし、相続放棄されていた場合は、請求できないこともあります。

自動車事故の加害者の場合

遺族が賠償責任を負う

交通事故の責任が故人にあり、被害者がいる場合には、故人の相続人に損害賠償責任があります。

被害者が亡くなった場合には、「生きていたら得られた所得」や「死亡に至るまでの治療費」などを損害賠償として請求されます。また被害者が存命の場合も、治療費などを支払わなくてはなりません。

損害賠償額が故人の自賠責保険や任意保険でまかなえる金額であれば遺族の負担はありません。しかし、保険金の支払い限度額を超えたときは、超えた分を相続人の財産から支払うことになります。

相続放棄をすると賠償義務はなくなる

損害賠償額が支払えないときは、相続放棄をすれば支払い義務はなくなります。

相続放棄をするには、相続の開始を知ってから3カ月以内に家庭裁判所に相続放棄の申述を行わなければなりません。いったん、相続放棄をするとプラスの財産があった場合も相続できません。

損害賠償を行っても財産が残る可能性がある場合は、限定承認（➡P63）を申請する方法もあります。この場合は、故人の財産の範囲内で賠償を行います。

こんな場合は…

示談になった

しっかりと話し合い
双方納得のいく解決を

自動車事故では、多くの場合、賠償金額が加害者と被害者の示談交渉で決まります。交渉に対する知識がない場合、トラブルになることも少なくありません。不利な結果にならないよう、冷静な対応を心がけましょう。

示談のポイント

- すぐに結論を出さず、落ち着いた状態で考える
- 交通事故に詳しい弁護士のアドバイスを受ける
- 納得できないときは、裁判所で調停や訴訟する方法も

自然災害で亡くなった場合

遺族に災害弔慰金が支払われる

地震、土砂崩れ、洪水、津波などの自然災害で亡くなった場合、申請すれば市区町村から「災害弔慰金」が支給されます。

支給の対象は、故人の配偶者、子、父母、孫、祖父母または死亡当時同居し生計を同じくしていた兄弟姉妹の範囲です。

金額は、故人が生計を維持していた場合は５００万円、そのほかの場合は２５０万円です。自然災害で重度の障害が残った場合も、「災害障害見舞金」として、生計維持者には２５０万円、それ以外の場合は１２５万円が支給されます。

１市区町村で5世帯以上が滅失した災害が対象

ただし、すべての自然災害が弔慰金の対象となるわけではありません。

１市区町村において5世帯以上が滅失した災害など、災害規模の指定があります。ほかに被害がなく、故人一人だけが自然災害の犠牲者という場合は、適用外となります。

こんな場合は…

災害で行方不明

災害後3カ月を過ぎたら弔慰金を支給

自然災害で行方不明になった場合、災害後３カ月を過ぎても見つからないときは、行方不明者が死亡したと推定して弔慰金の支給を受けられます。金額は死亡者と同額で、生計維持者には 500 万円、それ以外は 250 万円です。

09 返却・解約に関する手続き

故人が契約・加入・利用していたものは早めに返却、解約の手続きを進めましょう。

▼期限 なるべく早く

公的なものから私的なものまでさまざま

健康保険証、マイナンバーカード、介護保険証など市区町村が発行しているものは、役所に死亡届を提出するときに返却します。期限が残っているパスポートや運転免許証などは、期限がくれば失効しますが、気になる場合は返却しましょう。

故人がスポーツクラブや百貨店の友の会の会員になっている場合は、先方に連絡し退会方法などを確認します。会費の未払い・過払いなどがあれば清算しましょう。

手続きに際して

健康保険証の返却

▶必要なもの

- □ 故人の保険証
- □ 喪主の口座番号がわかるもの（通帳など）
- □ 認印

▶届け先

市区町村役場または勤務先

※通帳などが必要なのは、葬祭費を振り込む手続きを併せて行う場合

パスポートの返却

▶必要なもの

- □ パスポート
- □ 死亡事実がわかる書類（戸籍謄本など）

記念に手元に残したい場合は処理をして戻してもらう

▶届け先

最寄りの都道府県の申請窓口

運転免許証の返却

更新手続きを行わなければ失効

▶届け先

返却する場合は最寄りの警察署

クレジットカードの解約

コールセンターなどに連絡後、クレジット会社の指示に従う

▶届け先

各クレジット会社

その他

- □ 住民基本台帳カード
- □ マイナンバーカード
- □ 介護保険証
- □ 印鑑登録証明書
- □ 調理師免許などの各種資格・免許
- □ スポーツクラブ会員証

など

故人の遺品を確認し、必要があれば手続きを行いましょう。

手続き・届け出の書類の書き方

その1

健康保険、年金、所得税の手続き

手続きに必要な書類の書き方を、記入例をもとに紹介します。
書類の体裁は、自治体や配布機関などによって異なる場合がありますが
ここでは一般的と思われる書類を例に挙げて解説しました。

健康保険埋葬料(費)支給申請書の書き方

健康保険 被保険者 家族 埋葬料(費) 支給申請書

1 2 ページ

被保険者(申請者)記入用

記入方法および添付書類等については、「健康保険 被保険者 家族 埋葬料(費)支給申請書 記入の手引き」をご確認ください。

届書(申請書)は、楷書で枠内に丁寧にご記入ください。 記入見本 0 1 2 3 4 5 6 7 8 9 ア イ ウ

被保険者(申請者)情報

被保険者証の(左づめ)	記号 0102	番号 03
生年月日	☑昭和 □平成	42年04月05日
氏名・印	(フリガナ) オオ イズミ ナツ ミ 大 泉 夏 美 (印:大泉)	自署の場合は押印を省略できます。
住所	(〒 162－0805)	東京都 新宿区矢来町6丁目1010
電話番号(日中の連絡先)	TEL 03 (××××) ××××	

振込先指定口座

金融機関名称	いろは 銀行(金庫 信組 農協 漁協 その他( ))	北 支店(本店 出張所 本所 支所)
預金種別	1 (1. 普通 3. 別段 2. 当座 4. 通知)	口座番号 9988776 左づめでご記入ください。
口座名義	▼カタカナ(姓と名の間は1マス空けてご記入ください。濁点(゛)、半濁点(゜)は1字としてご記入ください。) オオイス゛ミ ナツミ	口座名義の区分 1 (1. 申請者 2. 代理人)

「2」の場合は必ず記入・押印ください。(押印省略不可)

受取代理人の欄

被保険者(申請者)	本申請に基づく給付金に関する受領を下記の代理人に委任します。 平成 年 月 日 氏名・印 (印) 住所 「被保険者(申請者)情報」の住所と同じ	
代理人(口座名義人)	(〒 －) TEL ( ) 住所 (フリガナ) 氏名・印 (印)	委任者と代理人との関係

「申請者・事業主記入用」は2ページに続きます。

(26.9)

社会保険労務士の提出代行者名記載欄	(印)	受付日付印

様式番号 631112

協会使用欄

全国健康保険協会 協会けんぽ

(1/2)

故人の生年月日

故人(被保険者)の生年月日を記入します。

申請者の情報

申請者(妻)の氏名・住所・電話番号を記入します。

被保険者証の記号と番号

健康保険証に明記されている記号と番号を記入します。

<1枚目>

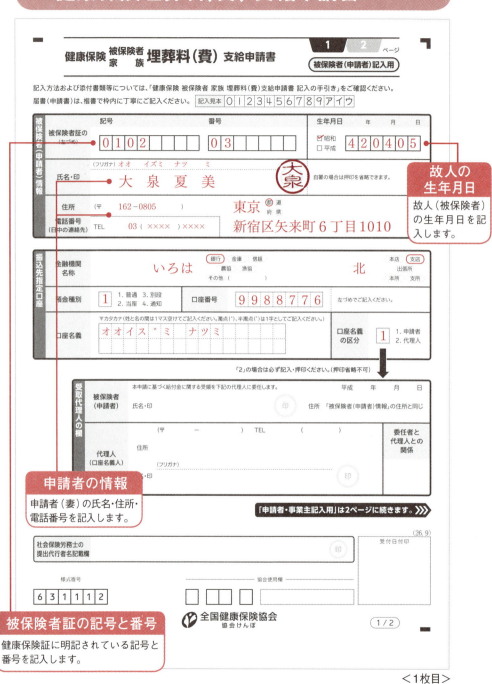

健康保険 被保険者・家族 **埋葬料(費)** 支給申請書

1 2 ページ

被保険者(申請者)・事業主記入用

被保険者氏名	大泉　春夫

申請内容

死亡年月日	死亡原因	第三者の行為によるものですか
死亡した方の　平成 28年 10月 31日	心筋梗塞	□はい　☑いいえ 「はい」の場合は「第三者の行為による傷病届」を提出してください。

●家族(被扶養者)が死亡したための申請であるとき

ご家族の氏名		生年月日	□昭和 □平成　年　月　日	被保険者との続柄	

亡くなられた家族は、退職等により健康保険の資格喪失後に被扶養者の認定を受けた方で、今回の請求は次に該当することによる請求ですか。
①資格喪失後、3か月以内に亡くなられたとき
②資格喪失後、傷病手当金や出産手当金を引き続き受給中に亡くなられたとき
③資格喪失後、②の受給終了後、3か月以内に亡くなられたとき

□　1. はい　2. いいえ

「はい」の場合、家族が被扶養者認定前に加入していた健康保険の保険者名と記号・番号をご記入ください。

保険者名

記号・番号

●被保険者が死亡したための申請であるとき

被保険者の氏名	大泉　春夫	被保険者からみた申請者との身分関係	妻	埋葬した年月日	平成　年　月　日
埋葬に要した費用の額	円	法第3条第2項被保険者として支給を受けた時はその金額(調整減額)	円		

亡くなられた方は、退職等により全国健康保険協会管掌健康保険の被保険者資格の喪失後に家族の被扶養者となった方で、今回の請求は次に該当することによる請求ですか。
①資格喪失後、3か月以内に亡くなられたとき
②資格喪失後、傷病手当金や出産手当金を引き続き受給中に亡くなられたとき
③資格喪失後、②の受給終了後、3か月以内に亡くなられたとき

□　1. はい　②いいえ

「はい」の場合、資格喪失後に家族の被扶養者として加入していた健康保険の保険者名と記号・番号をご記入ください。

保険者名

記号・番号

●介護保険法のサービスを受けていたとき

保険者番号		被保険者番号		保険者名称	

事業主証明欄

氏名	被保険者・被扶養者の別	死亡年月日
死亡した方の　大泉　春夫	被保険者　被扶養者	平成 28 年 10 月 31 日 死亡

上記のとおり相違ないことを証明する　平成 28 年 11 月 15 日

事業所所在地　東京都中央区新宿100-1

事業所名称　㈱さくら商事

事業主氏名　桜井　太郎　さくら商事

TEL 03(××××)××××

様式番号

6 3 1 2 1 1

全国健康保険協会
協会けんぽ

埋葬した年月日など

故人によって扶養されていた人が申請する場合は、記入する必要はありません。

事業主の証明

勤め先の証明を受けます。受けられない場合は、死亡したことのわかる書類の添付が必要に。

＜2枚目＞

国民健康保険葬祭費支給申請書の書き方

個人番号
故人のマイナンバーを記入します。

支給額
自治体により、金額は変わります。

生年月日
被保険者の生年月日を記入します。

平成	

国　民　健　康　保　険　葬　祭　費　支　給　申　請　書

支　給　額	70000円	被保険者証の記号番号	○○－01020304
死亡した被保険者の氏名及び個人番号	大泉　春夫 001122334455	生　年　月　日	昭和42年　4月　5日
住　　所	東京都新宿区矢来町6丁目1010	世帯主の氏名	大泉　夏美
死亡年月日	平成 28年 10月 31日	葬祭執行年月日	平成 28年 11月　3日
死亡の原因	（病　気）・　事　故 その他（　　　　　　）	死亡原因が第三者の行為によるときはその事実及び第三者の住所・氏名	

振込先	いろは　（銀　行）・信用金庫・農　協	北　支店	フリガナ	オオイズミ　ナツミ						
			口座名義人の氏名	大泉　夏美						
	（普通）・当座・貯蓄	口座番号	9	9	8	8	7	7	6	

上記のとおり葬祭を行いましたので、葬祭費の支給を申請します。

平成 28年 11月 15日

申　請　者

住　所　東京都新宿区矢来町6丁目1010

氏　名　大泉　夏美　（印：大泉）

個人番号　012345678901

死亡者との続柄　妻

電　話　03-××××-××××

（あて先）新宿区長

申請者
申請者となる妻の情報を記入します。

葬祭執行年月日
葬祭を行った年月日を記入します。提出時には会葬礼状の写しや葬祭時の領収書のコピーなどを添付します。

※　葬祭についての会葬礼状の写し、又は領収（請求）書の写しを添付して下さい。

※　振込先は、原則として申請者（葬祭を行った者）の口座になります。これ以外の口座への振込を希望する場合は、所定の委任状を添付してください。

※　葬祭費の支給に関して他の者から異議があった場合は、当事者間で処理してください。

市取扱使用欄			
番号確認	代理確認	本人確認	窓口へ来た方
個・住民票	委・戸籍	個・免・パ・外	本　人
通・台帳	登記・未	保・年・介・後	（　　）
職権・未		未・（　　　　）	

所得税の準確定申告書A（第一表）の書き方

準確定申告書

故人の所得税の申告は準確定申告となるため、「準」と書き加えます。

確定申告書A

申告する所得が、給与所得、雑所得などで、予定納税額がなければ「確定申告書A」を使用。それ以外は「確定申告書B」となります。

新宿 税務署長
28年12月12日 平成28年分の所得税及び復興特別所得税の準確定申告書A　FA0110

第一表（平成二十六年分以降用）

住所（又は居所）	〒162-0805 東京都新宿区矢来町6丁目1010
平成 年1月1日の住所	同上
フリガナ	オオイズミ ハルオ
氏名	被相続人 大泉 春夫
性別	男
世帯主の氏名	大泉 春夫
世帯主との続柄	本人
生年月日	3 42.04.05
電話番号（自宅・勤務先・携帯）	03-××××-××××

（単位は円）

区分	項目	番号	金額
収入金額等	給与	㋐	5500000
	雑 公的年金等	㋑	
	雑 その他	㋒	
	配当	㋓	
	一時	㋔	
所得金額	給与	①	3860000
	雑	②	
	配当	③	
	一時	④	
	合計（①+②+③+④）	⑤	3860000
所得から差し引かれる金額	社会保険料控除	⑥	450000
	小規模企業共済等掛金控除	⑦	
	生命保険料控除	⑧	100000
	地震保険料控除	⑨	3000
	寡婦、寡夫控除	⑩	0000
	勤労学生、障害者控除	⑪	0000
	配偶者（特別）控除	⑫～⑬	380000
	扶養控除	⑭	0000
	基礎控除	⑮	380000
	⑥から⑮までの計	⑯	1313000
	雑損控除	⑰	
	医療費控除	⑱	200000
	寄附金控除	⑲	
	合計（⑯+⑰+⑱+⑲）	⑳	1513000

区分	項目	番号	金額
税金の計算	課税される所得金額（⑤－⑳）	㉑	2347000
	上の㉑に対する税額	㉒	137200
	配当控除	㉓	
	（特定増改築等）住宅借入金等特別控除	㉔	
	政党等寄附金等特別控除	㉕～㉗	
	住宅耐震改修特別控除 住宅特定改修・認定住宅新築等特別税額控除	㉙～㉛	
	差引所得税額	㉜	137200
	災害減免額	㉝	
	再差引所得税額（基準所得税額）（㉜－㉝）	㉞	137200
	復興特別所得税額（㉞×2.1％）	㉟	2881
	所得税及び復興特別所得税の額（㉞+㉟）	㊱	140081
	外国税額控除	㊲	
	所得税及び復興特別所得税の源泉徴収税額	㊳	150000
	所得税及び復興特別所得税の申告納税額（㊱－㊲－㊳） 納める税金	㊴	00
	還付される税金	㊵	△9919
その他	配偶者の合計所得金額	㊶	
	雑所得・一時所得等の所得税及び復興特別所得税の源泉徴収税額の合計額	㊷	
	未納付の所得税及び復興特別所得税の源泉徴収税額	㊸	
延納の届出	申告期限までに納付する金額	㊹	00
	延納届出額	㊺	000

※ 復興特別所得税額㉟欄の記入をお忘れなく。

還付される税金の受取場所：いろは 銀行 北 支店　預金種類：普通　口座番号・記号番号：9988776

税理士署名押印・電話番号

控除や税金の計算

普通の確定申告と同様、書類の指示通りに、金額などを書き込みます。

被相続人

相続した人が代わりに申告しますが、故人の所得なのでここは故人の名前を記し、その前に「被相続人」と記入します。

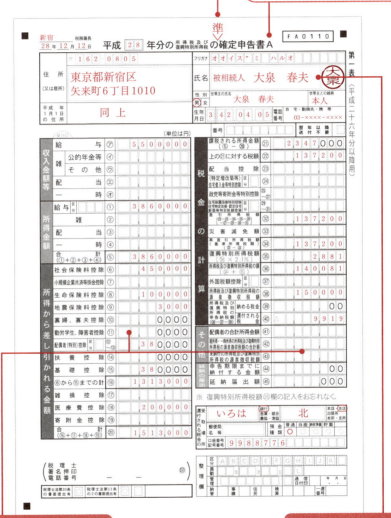

所得税の準確定申告書A（第二表）の書き方

準確定申告書
忘れずに「準」と書き足します。

被相続人
故人の氏名の前に「被相続人」と記入します。

平成 2 8 年分の所得税及び復興特別所得税の準確定申告書A

FA0064

第二表（平成二十六年分以降用）

住所	東京都新宿区 矢来町6丁目1010
フリガナ 氏名	被相続人 大《オオ》泉《イズミ》 春《ハル》夫《オ》

○ 所得の内訳（所得税及び復興特別所得税の源泉徴収税額）

所得の種類	種目・所得の生ずる場所又は給与などの支払者の氏名・名称	収入金額	所得税及び復興特別所得税の源泉徴収税額
給与	（株）さくら商事	5,500,000円	150,000円
		㊳ 所得税及び復興特別所得税の源泉徴収税額の合計額	150,000円

○ 雑所得（公的年金等以外）・配当所得・一時所得に関する事項

所得の種類	種目・所得の生ずる場所	収入金額	必要経費等
		円	円

○ 住民税に関する事項

16歳未満の扶養親族	扶養親族の氏名	続柄	生年月日	別居の場合の住所
			平 . .	
			平 . .	
			平 . .	

給与・公的年金等に係る所得以外（平成27年4月1日において65歳未満の方は給与所得以外）の所得に係る住民税の徴収方法の選択	給与から差引き / 自分で納付
配当に関する住民税の特例	
非居住者の特例	
配当割額控除額	
寄附金税額控除 都道府県、市区町村分 / 住所地の共同募金会、日赤支部分	条例指定分 都道府県 / 市区町村
別居の控除対象配偶者・控除対象扶養親族の氏名・住所	氏名 / 住所

○ 所得から差し引かれる金額に関する事項

⑥社会保険料控除 社会保険の種類	支払保険料	⑦小規模企業共済等掛金控除 掛金の種類	支払掛金
協会けんぽ	150,000円		円
組合年金	300,000		
合計	450,000	合計	

⑧生命保険料控除			
新生命保険料の計	100,000円	旧生命保険料の計	35,000円
新個人年金保険料の計	50,000	旧個人年金保険料の計	
介護医療保険料の計			

⑨地震保険料控除			
地震保険料の計	3,000円	旧長期損害保険料の計	円

⑩〜⑪本人該当事項：□ 寡婦（寡夫）控除（□死別 □生死不明 □離婚 □未帰還） □ 勤労学生控除 学校名（ ）

⑪障害者控除 氏名

⑫〜⑭配偶者（特別）控除・扶養控除 配偶者の氏名	生年月日	
大泉夏美	明・大 昭・平 45 . 8 . 8	☑配偶者控除 □配偶者特別控除

控除対象扶養親族の氏名	続柄	生年月日	控除額
		明・大 昭・平 . .	万円
		明・大 昭・平 . .	
		明・大 昭・平 . .	
		⑭扶養控除額の合計	万円

⑰雑損控除 損害の原因	損害年月日	損害を受けた資産の種類など
	. .	
損害金額	保険金などで補塡される金額	差引損失額のうち災害関連支出の金額
円	円	円

⑱医療費控除			
支払医療費	210,000円	保険金などで補塡される金額	10,000円

⑲寄附金控除			
寄附先の所在地・名称		寄附金	円

○ 特例適用条文等

一連番号

社会保険料控除
死亡するまでに支払った、健康保険や年金の金額を記入します。

死亡した者の所得税の確定申告書付表の書き方

死亡した者の平成 28 年分の所得税及び復興特別所得税の確定申告書付表
（兼相続人の代表者指定届出書）

（平成二十八年分以降用）

1 死亡した者の住所・氏名等					
住所	（〒162 - 0805 ）東京都 新宿区矢来町6丁目1010	氏名	フリガナ 大泉《オオイズミ》 春夫《ハルオ》	死亡年月日	平成 28 年 10月 31 日

2 死亡した者の納める税金又は還付される税金	（所得税及び復興特別所得税の第３期分の税額）（還付される税金のときは頭部に△印を付けてください。）	△9,919 円…A
3 相続人等の代表者の指定	（代表者を指定されるときは、右にその代表者の氏名を書いてください。）相続人等の代表者の氏名	大泉 夏美
4 限定承認の有無	（相続人等が限定承認をしているときは、右の「限定承認」の文字を○で囲んでください。）	限定承認

5 相続人等に関する事項				
(1) 住所	（〒162 - 0805 ）東京都新宿区矢来町6丁目1010	（〒162 - 0805 ）東京都新宿区矢来町6丁目1010	（〒162 - 0805 ）東京都新宿区矢来町6丁目1010	（〒 - ）
(2) 氏名	フリガナ 大泉《オオイズミ》 夏美《ナツミ》 ㊞（大泉）	フリガナ 大泉《オオイズミ》 秋久《アキヒサ》 ㊞（大泉）	フリガナ 大泉《オオイズミ》 冬子《フユコ》 ㊞（大泉）	フリガナ ㊞
(3) 個人番号	001122334455	003344332233	000112222333	
(4) 職業及び被相続人との続柄	職業　続柄 妻	職業 学生 続柄 子	職業 学生 続柄 子	職業　続柄
(5) 生年月日	明・大・(昭)・平 45 年 8 月 8 日	明・大・昭・(平) 12 年 10 月 1 日	明・大・昭・(平) 17 年 1 月 10 日	明・大・昭・平 年 月 日
(6) 電話番号	03－××××－××××	03－××××－××××	03－××××－××××	－ －
(7) 相続分…B	(法定)・指定 1/2	(法定)・指定 1/4	(法定)・指定 1/4	法定・指定
(8) 相続財産の価額	円	円	円	円
6 納める税金等 Aが黒字のとき 各人の納付税額 A × B（各人の 100 円未満の端数切捨て）	00 円	00 円	00 円	00 円
Aが赤字のとき 各人の還付金額（各人の１円未満の端数切捨て）	9,919 円	円	円	円
7 還付される税金の受取場所 銀行等の預金口座に振込みを希望する場合 銀行名等	いろは (銀行)・金庫・組合・農協・漁協	銀行・金庫・組合・農協・漁協	銀行・金庫・組合・農協・漁協	銀行・金庫・組合・農協・漁協
支店名等	北 本店・(支店)・出張所・本所・支所	本店・支店・出張所・本所・支所	本店・支店・出張所・本所・支所	本店・支店・出張所・本所・支所
預金の種類	普通 預金	預金	預金	預金
口座番号	9988776			
ゆうちょ銀行の口座に振込みを希望する場合 貯金口座の記号番号	－	－		
郵便局等の窓口受取りを希望する場合 郵便局名等				

（注） 「5 相続人等に関する事項」以降については、相続を放棄し

税務署整理欄	整理番号	0	0	0	0	一連番号
	番号確認 身元確認					

○この付表は、申告書と一緒に提出してください。

納める金額または還付金
「所得税の準確定申告書A(第一表)」の㊵の金額を転記します。マイナスの場合は△をつけます。

相続人の代表者
相続人の代表者の名前を記入します。誰がなってもかまいません。

各人の還付金額
もし妻1人が還付を受ける場合には、子より委任状をもらい、税務署に申請します。

相続分
法定相続人が、配偶者と子の場合、配偶者が1/2、子が1/2を分けます。

健康保険高額療養費支給申請書の書き方

健康保険 被保険者 被扶養者 世帯合算 **高額療養費** 支給申請書

※支給決定まで、診療月後3か月以上かかります。

1 2 ページ

被保険者(申請者)記入用

記入方法および添付書類等については、「健康保険 被保険者 被扶養者 世帯合算 高額療養費 支給申請書 記入の手引き」をご確認ください。

届書(申請書)は、楷書で枠内に丁寧にご記入ください。 記入見本 0 1 2 3 4 5 6 7 8 9 ア イ ウ

被保険者(申請者)情報

被保険者証の(左づめ)	記号 0102	番号 03	生年月日 ☑昭和 □平成 42年04月05日
氏名・印	(フリガナ) 大《オオ》泉《イズミ》 夏《ナツ》美《ミ》 (印:大泉)		自署の場合は押印を省略できます。
住所	(〒 162－0805)	東京 ㊌ 道 府 県 新宿区矢来町6丁目1010	
電話番号(日中の連絡先)	TEL 03 (××××) ××××		

振込先指定口座

金融機関名称	いろは (銀行)・金庫・信組・農協・漁協・その他( )	北	本店・(支店)・出張所・本所・支所
預金種別	1 (1. 普通 3. 別段 2. 当座 4. 通知)	口座番号 9988776	左づめでご記入ください。
口座名義	▼カタカナ(姓と名の間は1マス空けてご記入ください。濁点(゛)、半濁点(゜)は1字としてご記入ください。) オオイス゛ミ ナツミ	口座名義の区分	1 (1. 申請者 2. 代理人)

「2」の場合は必ず記入・押印ください。(押印省略不可)

受取代理人の欄

被保険者(申請者)	本申請に基づく給付金に関する受領を下記の代理人に委任します。 平成 年 月 日 氏名・印 (印)	住所 「被保険者(申請者)情報」の住所と同じ
代理人(口座名義人)	(〒 －) TEL ( ) 住所 (フリガナ) 氏名・印 (印)	委任者と代理人との関係

「申請者記入用」は2ページに続きます。»»

(26. 7)

社会保険労務士の提出代行者名記載欄	(印)

受付日付印

様式番号 641111

協会使用欄

全国健康保険協会 協会けんぽ

1 / 2

被保険者の生年月日

故人の生年月日を記入します。

被保険者証の記号と番号

申請者の健康保険証に明記されている記号と番号を記入します。

受取代理人の情報

申請者以外の人の口座を振り込み先にする場合は、この欄も記入します。

＜1枚目＞

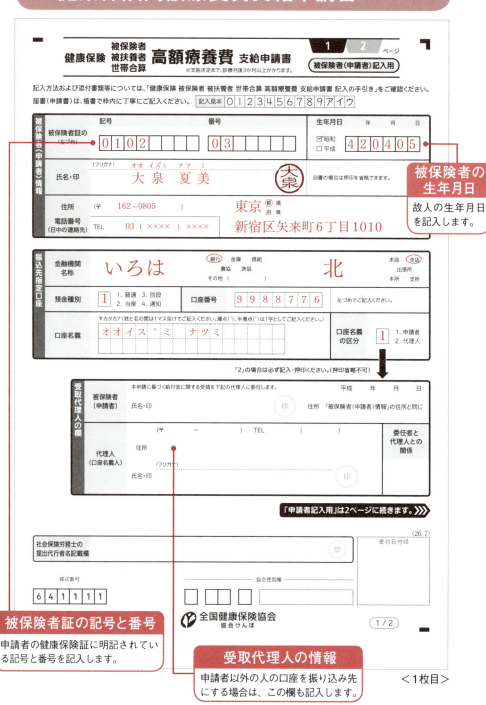

診療月

申請はひと月ごとに行います。

健康保険 被保険者 被扶養者 世帯合算 **高額療養費** 支給申請書

※支給決定まで、診療月後3か月以上かかります。

1 2 ページ

被保険者(申請者)記入用

被保険者氏名　大泉　春夫

申請内容

1 診療月	平成 28 年 10 月	左記の診療月について、受診者ごと(医療機関、薬局、入院・通院別等)にご記入ください。		
2 受診者		1　1. 被保険者 2. 家族(被扶養者)	1　1. 被保険者 2. 家族(被扶養者)	1. 被保険者 2. 家族(被扶養者)
家族の場合はその方の	氏名			
	生年月日	□昭和 □平成　年 月 日	□昭和 □平成　年 月 日	□昭和 □平成　年 月 日
3 療養を受けた医療機関・薬局の	名称	北総合病院	北薬局	
	所在地	新宿区北100	新宿区北101	
療養の内容などについて　4 傷病名	ケガ(負傷)の場合は負傷原因届を併せてご提出ください。	心筋梗塞	心筋梗塞	
療養を受けた期間		(平成) 年 月 日　2 8 1 0 1 7 から　3 1 まで	(平成) 年 月 日　2 8 1 0 0 1 から　1 7 まで	(平成) 年 月 日　から　まで
入院通院の別		1　1. 入院 2. 通院・その他	2　1. 入院 2. 通院・その他	1. 入院 2. 通院・その他
医療機関等で支払った金額などについて　5 支払った額のうち、保険診療分の金額(自己負担額)		120,000 円	7,800 円	円
自己負担額が不明の場合は支払った総額		円	円	円
6 他の公的制度から、医療費の助成を受けていますか		2　1. はい 2. いいえ	2　1. はい 2. いいえ	1. はい 2. いいえ
はいの場合	助成を受けた制度の名称			
	自己負担分の助成の内容	1. 全額助成 2. 一部自己負担あり	1. 全額助成 2. 一部自己負担あり	1. 全額助成 2. 一部自己負担あり

※一部自己負担ありの場合、領収書の添付が必要になります。

1の診療月以前1年間に、高額療養費に該当する月が3か月以上ある場合、直近3か月分の診療月をご記入ください。

7 診療月	1 平成 28 年 7 月	2 平成 28 年 8 月	3 平成 28 年 9 月

被保険者本人が市区町村民税非課税者の場合は、この欄に市区町村長より証明を受けるか、「(非)課税証明書」の交付を受け原本を添付してください。
(4月から7月診療分については、前年度の課税に関する証明を、8月から翌年3月診療分については当年度の課税に関する証明を受けてください。)

市区町村長が証明する欄	当該被保険者は平成　年度の市区町村民税が課されないことを証明する。	市区町村長名	印

様式番号

6 4 1 2 1 0

全国健康保険協会
協会けんぽ

医療機関・薬局の情報

費用を支払った病院や薬局ごとに記入します。

1年以内のほかの診療月

今回申請する月以前の1年間に、3回以上高額療養費の支給を受けた場合、直近の3か月を記入します。

<2枚目>

国民年金遺族基礎年金裁定請求書の書き方

様式第108号

届書コード			届書
7	3	2	

国民年金遺族基礎年金裁定請求書

○ ▭ のなかに必要事項を記入してください。
（★◆印欄には、なにも記入しないでください。）
○フリガナはカタカナで記入してください。
○この請求書は市役所、区役所あるいは町村役場に提出してください。ただし、死亡した方の死亡年月日が国民年金の第3号被保険者期間中である場合は、住所地を管轄する社会保険事務所または社会保険事務局の事務所に提出してください。
○請求者が自ら署名する場合には、請求者の押印は不要です。

年金コード		
6	4	5

❾ ★ 市区町村 受付年月日

基礎年金番号
年金手帳、ねんきん定期便などに記されている番号を記入します。

※基礎年金番号が交付されていない方は、❶、❸の「基礎年金番号」欄は記入の必要はありません。

死亡した人	❶基礎年金番号	1122334455
	❷生年月日	明1・大3・昭5（○）・平7　42年04月05日
	氏名	（氏）大泉《オオ イズミ》（名）春夫《ハル オ》　性別 男1（○）・女2
請求者	❸基礎年金番号	6677889900
	❹生年月日	明1・大3・昭5（○）・平7　45年08月08日
	⓰氏名	（氏）大泉《オオ イズミ》（名）夏美《ナツ ミ》 ㊞　⓱続柄 ◆　性別 男1・女2（○）
	⓲住所の郵便番号	1620805
	⓳住所	住所コード ◆　新宿《シンジュク》 市・区（○）・町・村　矢来町《ヤ ライチョウ》6丁目1010

❺記録不要制度			送信	❻作成原因	❼進達番号
（厚）	（船）	（国）		01 02	

❽別紙区分	❿重	⓫未保	⓬支保	⓭受数	⓮長期	⓯沖縄

金融機関の証明
受け取る金融機関の証明を受けます。預金通帳を持参すれば、必要がない場合もあります。

死亡した人
過去に加入していた年金制度の年金手帳の記号番号で、基礎年金番号と異なる記号番号があるときは、その記号番号を記入してください。

厚生年金保険		国民年金	
船員保険			

請求者
「❸請求者の基礎年金番号」欄を記入していない方は、つぎのことにお答えください。（記入した方は、回答の必要はありません。）
過去に厚生年金保険、国民年金または船員保険に加入したことがありますか。○で囲んでください。　ある　ない
「ある」と答えた方は、加入していた制度の年金手帳の記号番号を記入してください。

厚生年金保険		国民年金	
船員保険			

支払機関（いずれかを選んで記入してください。）

金融機関1

⓴	㉑コード	金融機関名	㉒支店名	㉔預金通帳の記号番号
◆		いろは 銀行（○）・金庫・信組	北《キタ》 本店・支店（○）・出張所	9988776
都道府県名		㉓（フリガナ） 1信連 3農協 2信漁連 4漁協	本所・支所・本店・支店	金融機関の証明 印

郵便局2

・郵便振替（郵便貯金への払込み）を希望される方は、㉔欄に郵便振替口座の口座番号を記入し、郵便局の証明を受けてください。
・窓口払い（簡易郵便局を除く。）を希望される方は、㉑欄及び㉓欄を記入して下さい。なお、郵便局の証明は必要ありません。
・郵便振替が可能な通帳は、郵便貯金総合通帳、郵便貯金総合通帳オンラインおよび郵便貯金通帳オンラインの3種類です。

㉑郵便局の郵便番号	所在地（フリガナ） 郡・市 区	㉓（フリガナ）名称 郵便局
㉒支払局コード ◆	㉔郵便振替口座の口座番号　記号（左詰めで記入）　番号（右詰めで記入）	郵便局の証明 印

⑦	氏名	生年月日	障害の状態	㉕診
加算額の対象者	（氏）大泉《オオ イズミ》（名）秋久《アキ ヒサ》	昭5・平7（○）　12年10月01日	障害の状態にある・ない（○）	
	（氏）大泉《オオ イズミ》（名）冬子《フユ コ》	昭5・平7（○）　17年01月10日	障害の状態にある・ない（○）	
（注意事項2参照）	（氏）（名）	昭5・平7　年月日	障害の状態にある・ない	

連絡欄

X線フィルムの送付	
有・無	枚
X線フィルムの返送	
年月日	

（15.4）

加算額の対象者
遺族年金は子どもの人数分、金額が加算されるので、対象者を明記します。

＜1枚目＞

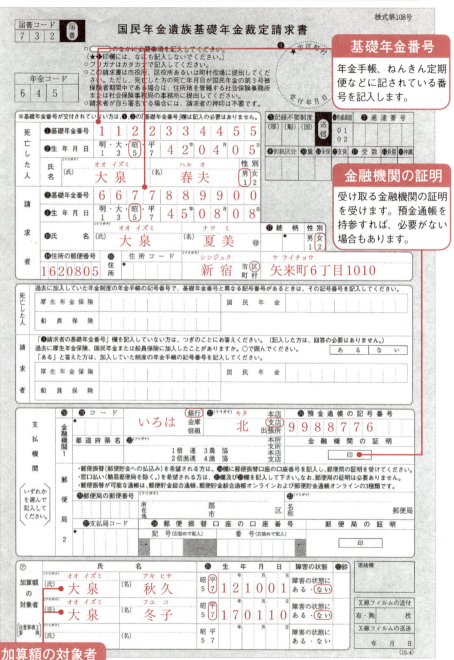

公的年金

老齢年金、障害年金、遺族年金などを、すでに受けているかいないかを選びます。

備考

わかる人のみ、各事業所などの健康保険被保険者証、共済組合員証などの記号および番号、厚生年金保険の事業所の整理番号および被保険者の番号を記入します。

事業所の名称

会社名を記入。支社名や工場名まで書きましょう。

㋑あなたは、現在、公的年金制度等(表1参照)から年金を受けていますか。○で囲んでください。

1．受けている	②受けていない	3．請求中	制度名(共済組合名等)	年金の種類

受けていると答えた方は、下欄に必要事項を記入してください(年月日は支給を受けることになった年月日を記入してください)。

制度名(共済組合名等)	年金の種類	年月日	年金証書の年金コードまたは記号番号等
		・ ・	
		・ ・	
		・ ・	

「年金の種類」とは、老齢または退職、障害、遺族をいいます。

	年金コードまたは共済組合コード・年金種別
1	
2	
3	
他年金種別	

上外	傷病名	診断書	有年数	有年	第三者
上・外 1 2					

受給権発生年月日	停止期間	条文	失権事由	失権年月日
		0 1 3 7 0 0 1		

他制度満了　合算対象記録 1 2 3 4 8 12

共済コード　共済記録 3 5 7

摘要

★市区町村からの連絡事項	未納保険料の納付	有 無
	保険料の追納	有 無

＜3枚目＞

㋒ 履　歴（公的年金制度加入経過）
※できるだけくわしく、正確に記入してください。

請求者の自宅の電話番号（ 03 ）－（××××）－（××××）
請求者の勤務先の電話番号（　　）－（　　）－（　　）

	(1) 事業所(船舶所有者)の名称および船員であったときは、その船舶名	(2) 事業所(船舶所有者)の所在地または国民年金加入時の住所	(3)勤務期間または国民年金の加入期間	(4)加入していた年金制度の種類	(5) 備考
最初	㈱松竹梅港支店	港区大手門1-2	昭63・4・1から 平2・7・31まで	1.国民年金 ②厚生年金保険 3.厚生年金(船員)保険 4.共済組合等	
2		新宿区矢来町 6-1010	平2・8・1から 平5・3・31まで	①国民年金 2.厚生年金保険 3.厚生年金(船員)保険 4.共済組合等	
3	㈱さくら商事	中央区 新宿100-1	平5・4・1から 平28・10・30まで	1.国民年金 ②厚生年金保険 3.厚生年金(船員)保険 4.共済組合等	
4			・ ・ から ・ ・ まで	1.国民年金 2.厚生年金保険 3.厚生年金(船員)保険 4.共済組合等	
5			・ ・ から ・ ・ まで	1.国民年金 2.厚生年金保険 3.厚生年金(船員)保険 4.共済組合等	
6			・ ・ から ・ ・ まで	1.国民年金 2.厚生年金保険 3.厚生年金(船員)保険 4.共済組合等	
7			・ ・ から ・ ・ まで	1.国民年金 2.厚生年金保険 3.厚生年金(船員)保険 4.共済組合等	
			・ ・ から ・ ・ まで	1.国民年金 2.厚生年金保険 3.厚生年金(船員)保険 4.共済組合等	
			・ ・ から ・ ・ まで	1.国民年金 2.厚生年金保険 3.厚生年金(船員)保険 4.共済組合等	
			・ ・ から ・ ・ まで	1.国民年金 2.厚生年金保険 3.厚生年金(船員)保険 4.共済組合等	
			・ ・ から ・ ・ まで	1.国民年金 2.厚生年金保険 3.厚生年金(船員)保険 4.共済組合等	
			・ ・ から ・ ・ まで	1.国民年金 2.厚生年金保険 3.厚生年金(船員)保険 4.共済組合等	
			・ ・ から ・ ・ まで	1.国民年金 2.厚生年金保険 3.厚生年金(船員)保険 4.共済組合等	

㋓ 死亡した人が退職後、個人で保険料を納める第四種被保険者、船員保険の年金任意継続被保険者となったことがありますか。	1．は い・②いいえ
「はい」と答えた人は、保険料を納めた社会保険事務局、社会保険事務所または社会保険事務局の事務所の名称を記入してください。	
その保険料を納めた期間を記入してください。	昭和・平成　年　月　日から昭和・平成　年　月　日
第四種被保険者（船員年金任意継続被保険者）の整理記号番号を記入してください。	(記号)　(番号)

事業所の所在地

不明なときは市区町村名だけでも構いません。国民年金の加入期間は自宅の住所を書きます。

加入期間

不明なときは年月まで、または「00年冬まで」のように書きます。

＜2枚目＞

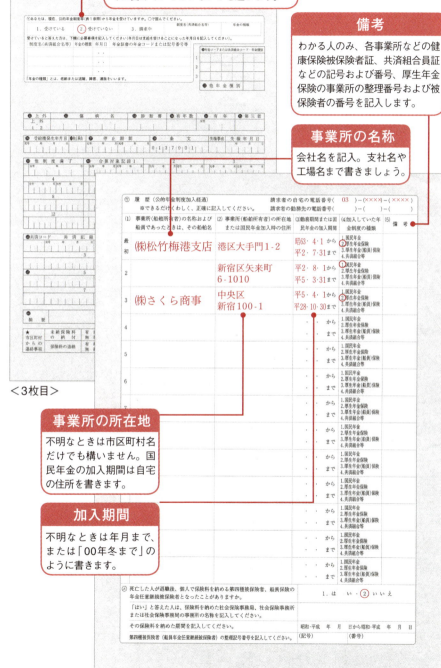

死亡の原因など

「死亡診断書」を参考に記入します。

第三者の行為による場合

死因が交通事故など、第三者による場合は相手の情報を書き入れます。

年金加入の履歴など

国民年金に任意加入しなかった期間などについて、該当するものがあれば○をつけます。

申し立て

故人と同居していた場合は、「(証明する)」に取り消し線を入れます。

㋔ 必ず記入してください

(1)死亡した人の生年月日 昭和42年 4月 5日	住所 東京都新宿区矢来町6丁目1010		
(2) 死亡年月日	(3)死亡の原因である疾病または負傷の名称	(4)疾病または負傷の発生した日	
平成28年 10月 31日	心筋梗塞	平成28年 7月 26日	
(5) 疾病または負傷の初診日	(6)死亡の原因である疾病または負傷の発生原因	(7)死亡の原因は第三者の行為によりますか。	
平成28年 7月 26日	不詳	1. はい ・ ②いいえ	
(8)死亡の原因が第三者の行為により発生したものであるときは、その者の氏名および住所	氏名		
	住所		
(9)請求する人は、死亡した人の相続人になれますか。	①はい ・ 2. いいえ		

(10)死亡した人は次の年金制度の被保険者、組合員または加入者となったことがありますか。あるときは番号を○で囲んでください。

①国民年金法 ②厚生年金保険法 3.船員保険法（61年4月以後を除く）
4.国家公務員共済組合法 5.地方公務員等共済組合法 6.私立学校教職員共済法
7.農林漁業団体職員共済組合法 8.旧市町村職員共済組合法 9.地方公務員の退職年金に関する条例 10.恩給法

(11)死亡した人は、(10)欄に示す年金制度から年金を受けていましたか。	1. はい ②いいえ	受けていたときは、その制度名と年金証書の基礎年金番号および年金コード等を記入してください。	制度名	年金証書の基礎年金番号および年金コード等

㋕

(1)死亡した人が次の年金または恩給のいずれかを受けることができたときは、その番号を○で囲んでください。

1.地方公務員の恩給 2.恩給法（執行官法附則第13条において、その例による場合を含む。）による普通恩給
3.日本製鉄八幡共済組合の老齢年金または養老年金 4.旧外地関係または旧陸海軍関係共済組合の退職年金給付

(2)死亡した人が昭和61年3月までの期間において国民年金に任意加入しなかった期間が、次に該当するときはその番号を○で囲んでください。

1.死亡した人の配偶者が㋔の(10)欄(国民年金を除く)に示す制度の被保険者、組合員または加入者であった期間
2.死亡した人の配偶者が㋔の(10)欄(国民年金を除く)および(1)欄に示す制度の老齢年金または退職年金を受けることができた期間
3.死亡した人または配偶者が㋔の(10)欄(国民年金を除く)に示す制度の老齢年金または退職年金の受給資格期間を満たしていた期間
4.死亡した人または配偶者が㋔の(10)欄(国民年金を除く)および(1)欄に示す制度から障害年金を受けることができた期間
5.死亡した人または配偶者が戦傷病者戦没者遺族等援護法の障害年金を受けることができた期間
6.死亡した人が㋔の(10)欄(国民年金を除く)および(1)欄に示す制度から遺族に対する年金を受けることができた期間
7.死亡した人が戦傷病者戦没者遺族等援護法の遺族年金または未帰還者留守家族手当若しくは特別手当を受けることができた期間
8.死亡した人または配偶者が都道府県議会、市町村議会の議員および特別区の議会の議員ならびに国会議員であった期間
9.死亡した人が都道府県知事の承認を受けて国民年金の被保険者とされなかった期間

(3)死亡した人が国民年金に任意加入しなかった期間が、上に示す期間以外で次に該当するときはその番号を○で囲んでください。

1.死亡した人が日本国内に住所を有さなかった期間
2.死亡した人が日本国内に住所を有していた期間であって日本国籍を有さなかったため国民年金の被保険者とされなかった期間
3.死亡した人が学校教育法に規定する高等学校の生徒または大学の学生であった期間
4.死亡した人が昭和61年4月以後の期間において下に示す制度の老齢または退職を事由とする年金給付を受けることができた期間
ただし、エからサに示す制度の退職を事由とする年金給付であって年齢を理由として停止されている期間は除く。

ア.厚生年金保険法 イ.船員保険法(61年4月以後を除く) ウ.恩給法 エ.国家公務員共済組合法
オ.地方公務員等共済組合法(ケを除く) カ.私立学校教職員共済法 キ.農林漁業団体職員共済組合法 ク.国会議員互助年金法
ケ.地方議会議員共済会 コ.地方公務員の退職年金に関する条例 サ.執行官法附則第13条

(4)死亡した人は国民年金に任意加入した期間について特別一時金を受けたことがありますか。	1. はい ・ ②いいえ	
(5)昭和36年4月1日から昭和47年5月14日までの間に沖縄に住んでいたことがありますか。	1. はい ・ ②いいえ	
(6)死亡の原因は業務上ですか。	(7)労災保険から給付が受けられますか。	(8)労働基準法による遺族補償が受けられますか。
1. はい ・ ②いいえ	1. はい ・ ②いいえ	1. はい ・ ②いいえ

＜4枚目＞

㋖ 生計維持・同一証明

生計同一関係

右の者は死亡者と生計を同じくしていたこと、および配偶者と子が生計を同じくしていたことを申し立てる。
~~（証明する。）~~

平成 28年 11月 30日
請求者（証明者） 住所 東京都新宿区矢来町6丁目1010
氏名（職名） 大泉 夏美 ㊞

請求者	氏名	続柄
	大泉夏美	妻
	大泉秋久	長男
	大泉冬子	長女

（注）1 この申立は、民生委員、町内会長、事業主、社会保険委員、家主などの第三者の証明にかえることができます。
2 この申立（証明）には、それぞれの住民票の写しを添えてください。

収入関係

1．この年金を裁定請求する人は次に答えてください。		※確認印	＊社会保険事務所等の確認事項
(1)請求者（名：夏美）について年収は、850万円未満ですか。	㊒はい・いいえ	（ ）印	ア．健保等被扶養者（第三号被保険者） イ．加算額または加給年金額対象者 ウ．国民年金保険料免除世帯 エ．義務教育終了前 オ．高等学校等在学中 カ．源泉徴収票・非課税証明等
(2)請求者（名：秋久）について年収は、850万円未満ですか。	㊒はい・いいえ	（ ）印	
(3)請求者（名：冬子）について年収は、850万円未満ですか。	㊒はい・いいえ	（ ）印	
2．上記1で「いいえ」と答えた者のうち、その者の収入がこの年金の受給権発生当時以降おおむね5年以内に850万円未満となる見込みがありますか。	はい・いいえ		

平成 年 日 提出

請求者

請求者と加算額の対象者（子）全員の情報を記入します。

＜5枚目＞

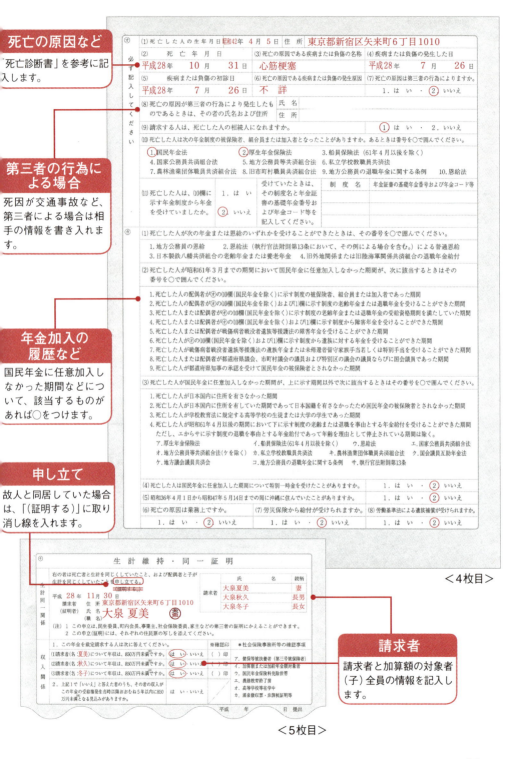

国民年金死亡一時金請求書の書き方

国民年金死亡一時金支給決定決議書・決定伺

起案年月日	決議年月日	事務センター長 所長	副事務センター長 副所長	グループ長 課長	担当者
平成 年 月 日	平成 年 月 日				

下記のとおり裁定してよろしいか。また決裁後は通知書を送付してよろしいか。

				支給決定額
被保険者期間			月	
第１号被保険者期間の保険料納付状況	納付済期間	定額納付月数	月	
		４分の１免除月数	(× 3/4) 月	
		半額免除月数	(× 1/2) 月	
		４分の３免除月数	(× 1/4) 月	
	付加納付月数		月	
	免除月数		月	円
却下事由				

国民年金死亡一時金請求書

死亡者	基礎年金番号	11 22 33 44 55	(フリガナ)	オオ イズミ ハル オ
			氏名	大泉 春夫
	基礎年金番号以外の年金手帳番号		生年月日	大正・(昭和) 42 年 4 月 5 日
			死亡年月日	平成 28 年 10 月 31 日
	住所	東京都新宿区矢来町6丁目1010		

請求者	(フリガナ)	オオイズミ ナツ ミ	生年月日	大正・(昭和)・平成 45 年 8 月 8 日	死亡者との続柄
	氏名	大泉 夏美 (印：大泉)			妻
	住所	〒162-0805 東京都新宿区矢来町6丁目1010	電話番号 (03) ×××× － ××××		

受取機関（いずれかを選んで記入してください。）	金融機関（ゆうちょ銀行を除く）	☆コード	いろは (銀行)・金庫・信組	(フリガナ) キタ　北　本店・(支店)・出張所	(1 普通)・2 当座　預金通帳の口座番号（右詰で記入してください） 9988776
		都道府県名	(フリガナ) 1 信 連 3 農 協 2 信漁連 4 漁 協 本所・支所・本店・支店		☆ 金融機関の証明 印
	ゆうちょ銀行（郵便局）	通帳記号 1 0 －	通帳番号（右詰で記入してください）		☆ ゆうちょ銀行（または郵便局）の証明 印

※口座をお持ちでない方や口座でのお受取りが困難な事情がある方は、お受取り方法について、「ねんきんダイヤル」またはお近くの年金事務所にお問い合わせください。

先順位者の有無	死亡の当時、死亡者と生計を同じくしていた人がいましたか。							
	配偶者	子	父母	孫	祖父母	兄弟姉妹		
	有・無	有・無	有・無	有・無	有・無	有・無		
他の同順位者	氏名	性別	続柄	生年月日	住所	請求の有無		
		男・女		・ ・		有・無		
		男・女		・ ・		有・無		
寡婦年金との調整	(ア) 寡婦年金を受けることができるが死亡一時金を選択する。 イ．寡婦年金を受けることができない。							

平成 28 年 12 月 12 日

新宿 年金事務所長あて

市区町村 受付年月日

年金事務所 受付年月日

基礎年金番号

年金手帳、ねんきん定期便などに記載されている番号を記入します。

先順位者の有無

「配偶者→子→父母→…」と、優先順位は左から右。自分より先順位の人がいる場合だけ、その欄に○をつけます。配偶者の場合は自身が最優先順位なので、つけません。

受取機関

銀行、ゆうちょ銀行など、一時金の振込先を記入します。

国民年金寡婦年金裁定請求書の書き方

様式第109号

届書コード	届書
7 4 1	

年金コード
5 9 5

国民年金寡婦年金裁定請求書

○□のなかに必要事項を記入してください。
（◆印欄には、なにも記入しないでください。）
○フリガナはカタカナで記入してください。
○この請求書は市役所、区役所あるいは町村役場に提出してください。

★市区町村 受付年月日
社会保険事務所 受付年月日

※基礎年金番号が交付されていない方は、❶、❸の「基礎年金番号」欄は記入の必要はありません。

死亡した人（夫）	❶基礎年金番号	1 1 2 2 3 3 4 4 5 5
	❷生年月日	明・大・昭・平 1 3 ⑤ 7　42年04月05日
	氏名	（氏）大泉《オオ イズミ》　（名）春夫《ハル オ》
請求者	❸基礎年金番号	6 6 7 7 8 8 9 9 0 0
	❹生年月日	明・大・昭・平 1 3 ⑤ 7　45年08月08日
	❺氏名・印	（氏）大泉《オオ イズミ》　（名）夏美《ナツ ミ》　（印：大泉）
	❻住所の郵便番号	1 6 2 0805
	❼住所	住所コード ◆　新宿区《シンジュクク》 市区町村　矢来町《ヤライチョウ》6丁目1010

❽作成原因	❾進達番号
0 1	

❿重無	⓫未保	⓬支保

基礎年金番号
年金手帳、「ねんきん定期便」などに記載されている番号を記入します。

※過去に加入していた年金制度の年金手帳の記号番号で、基礎年金番号と異なる記号番号があるときは、その記号番号を記入してください。

死亡した人（夫）	厚生年金保険		国民年金	
	船員保険			

「❸請求者の基礎年金番号」欄を記入していない方は、つぎのことにお答えください。（記入した方は回答の必要はありません。）
過去に厚生年金保険、国民年金または船員保険に加入したことがありますか。○で囲んでください。　ある　ない
「ある」と答えた方は、加入していた制度の年金手帳の記号番号を記入してください。

請求者	厚生年金保険		国民年金	
	船員保険			

支払機関（いずれかを選んで記入してください。）	金融機関1	⓭コード ◆	いろは （銀行）・金庫・信組　（フリガナ）北《キタ》 本店・（支店）・出張所	⓮預金通帳の記号番号　9 9 8 8 7 7 6
		都道府県名	⓯（フリガナ）　1信連　3農協　2信漁連　4漁協　本所・支所・本店・支店	金融機関の証明　印
	郵便局2	1. 振替預入を希望される方は「⓲郵便貯金通帳の記号番号」欄を記入してください。（窓口払いを希望される方は、郵便局の証明は必要ありません。） 2. 振替預入が可能な通帳は、郵便貯金総合通帳、郵便貯金総合通帳オンラインおよび郵便貯金通帳オンラインの3種類です。		
		⓰郵便局の郵便番号	（フリガナ）所在地　郡市　区	⓱（フリガナ）名称　郵便局
		⓳支払局コード ◆	⓲郵便貯金通帳の記号番号　記号（左詰めで記入）　番号（右詰めで記入）	郵便局の証明　印

連絡欄

金融機関の証明
受け取る金融機関の証明を受けます。預金通帳を持参すれば、必要がない場合もあります。

＜1枚目＞

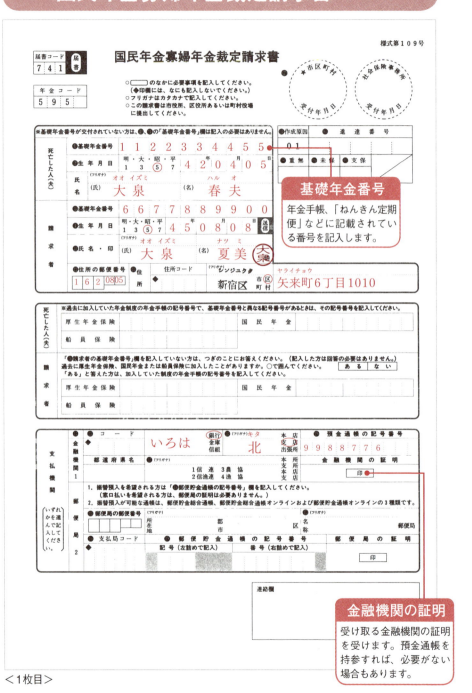

死亡の原因など

「死亡診断書」を参考に記入します。

請求者の自宅の電話番号	(03) −（××××）−（××××）

㋑ 必ず記入してください。

(1) 死亡した人の生年月日、住所	昭和42年　4月　5日	住所	東京都新宿区矢来町6丁目1010

(2) 死亡年月日	(3) 死亡の原因である疾病または負傷の名称	(4) 疾病または負傷の発生した日
平成28年　10月　31日	心筋梗塞	平成28年　7月　26日
(5) 疾病または負傷の初診日	(6) 死亡の原因である疾病または負傷の発生原因	(7) 死亡の原因は第三者の行為によりますか。
平成28年　7月　26日	不詳	1. はい・②. いいえ

(8) 死亡の原因が第三者の行為により発生したものであるときは、その者の氏名および住所	氏名	
	住所	

(9) 死亡の原因は業務上ですか。	(10) 労災保険から給付が受けられますか。	(11) 労働基準法による遺族補償が受けられますか。
1. はい・②. いいえ	1. はい・②. いいえ	1. はい・②. いいえ

(12) 死亡した人は国民年金に任意加入した期間について特別一時金を受けたことがありますか。		1. はい・②. いいえ
(13) 死亡した人が次の年金を受けていましたか（又は受給権者でしたか）。	ア.老齢基礎年金　イ.障害基礎年金（旧国民年金法による障害年金（障害福祉年金を除く）を含む）	1. はい・②. いいえ
(14) 死亡一時金を受けとることができますが寡婦年金を選択しますか。		①. はい・2. いいえ

故人の年金の履歴など

該当するものがあれば○をつけます。

㋒ **生計維持証明**

生計同一関係

請求者は死亡者と生計を同じくしていたことを（申し立てる。）~~（証明する。）~~

平成 28 年 11 月 30 日

請求者 ~~（証明者）~~ 住所 東京都新宿区矢来町6丁目1010
氏名（職名）大泉 夏美 （大泉）

(注) 1 この申立は、民生委員、町内会長、事業主、社会保険委員、家主などの第三者の証明にかえることができます。
2 この申立（証明）には、それぞれの住民票の写しを添えてください。

収入関係

1. この年金を裁定請求する人は次に答えてください。		※確認印	＊社会保険事務所の確認事項
年収は、850万円未満(注)ですか。	（はい）・いいえ		ア. 健保等被扶養者（第三号被保険者） イ. 加算額または加給年金額対象者 ウ. 国民年金保険料免除世帯 エ. 源泉徴収票・非課税証明等
2. 上記1で「いいえ」と答えた人で、収入がこの年金の受給権発生当時以降おおむね5年以内に850万円未満(注)となる見込みがありますか。	はい・いいえ		

平成 28年 12月 12日 提出

(注) 平成6年11月8日までに受給権が発生した方は「600万円未満」となります。

申し立て

故人と同居していた場合は、「（証明する）」「（証明者）」に取り消し線を入れます。別居していた場合は、「（証明する）」に○をして、「（申し立てる）」に取り消し線を入れます。

＜2枚目＞

国民年金・厚生年金保険・船員保険遺族給付裁定請求書の書き方

基礎年金番号

年金手帳、「ねんきん定期便」などに記載されています。

押印

請求者が自分で署名する場合は、押印は不要です。

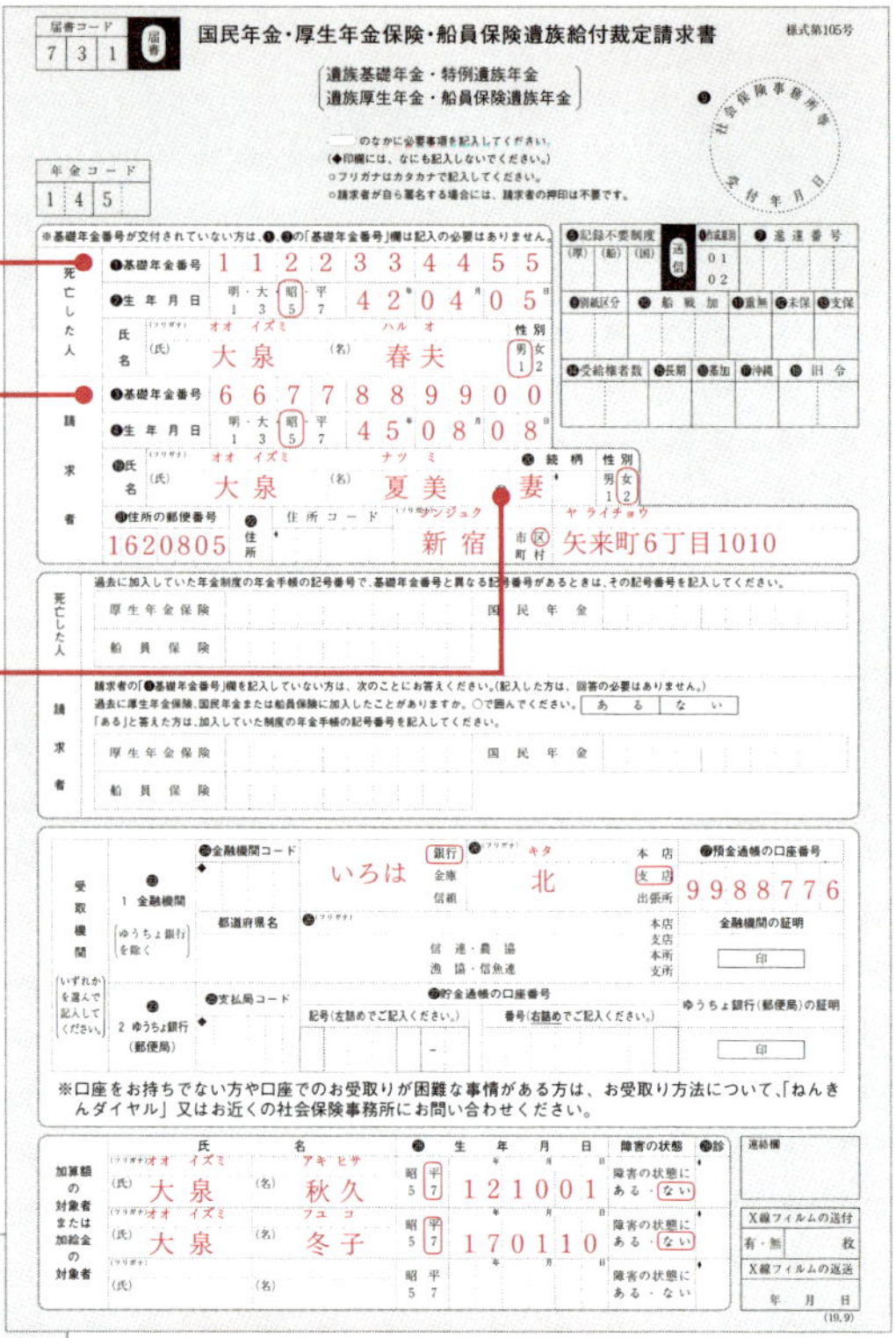
届書コード 7 3 1 届書
国民年金・厚生年金保険・船員保険遺族給付裁定請求書　様式第105号
（遺族基礎年金・特例遺族年金　遺族厚生年金・船員保険遺族年金）
年金コード 1 4 5
□のなかに必要事項を記入してください。
（◆印欄には、なにも記入しないでください。）
○フリガナはカタカナで記入してください。
○請求者が自ら署名する場合には、請求者の押印は不要です。
社会保険事務所 受付年月日
※基礎年金番号が交付されていない方は、❶、❺の「基礎年金番号」欄は記入の必要はありません。
死亡した人　❶基礎年金番号 1 1 2 2 3 3 4 4 5 5
❷生年月日 明・大・昭・平　1 3 5 7（昭 5）42年 04月 05日
氏名 （氏）大泉《オオ イズミ》（名）春夫《ハル オ》　性別 男 1 女 2（男 1）
請求者　❺基礎年金番号 6 6 7 7 8 8 9 9 0 0
❻生年月日 明・大・昭・平　1 3 5 7（昭 5）45年 08月 08日
氏名 （氏）大泉《オオ イズミ》（名）夏美《ナツ ミ》　続柄 妻　性別 男 1 女 2（女 2）
住所の郵便番号 1620805　住所 住所コード 新宿《シンジュク》 市・区・町・村（区） 矢来町《ヤライチョウ》6丁目1010
❺記録不要制度（厚）（船）（国）　送信　処理区分 01 02　進達番号
別紙区分　船戦加　重無　未保　支保
受給権者数　長期　基加　沖縄　旧令
死亡した人　過去に加入していた年金制度の年金手帳の記号番号で、基礎年金番号と異なる記号番号があるときは、その記号番号を記入してください。
厚生年金保険　国民年金　船員保険
請求者　請求者の「❺基礎年金番号」欄を記入していない方は、次のことにお答えください。（記入した方は、回答の必要はありません。）
過去に厚生年金保険、国民年金または船員保険に加入したことがありますか。○で囲んでください。　ある　ない
「ある」と答えた方は、加入していた制度の年金手帳の記号番号を記入してください。
厚生年金保険　国民年金　船員保険
受取機関（いずれかを選んでご記入ください。）
1 金融機関（ゆうちょ銀行を除く）　金融機関コード　いろは　銀行・金庫・信組　北《キタ》　本店・支店・出張所（支店）　預金通帳の口座番号 9988776
都道府県名　信連・農協　漁協・信漁連　本店　支店　本所　支所　金融機関の証明　印
2 ゆうちょ銀行（郵便局）　支払局コード　貯金通帳の口座番号　記号（左詰めでご記入ください。）　番号（右詰めでご記入ください。）　ゆうちょ銀行（郵便局）の証明　印
※口座をお持ちでない方や口座でのお受取りが困難な事情がある方は、お受取り方法について、「ねんきんダイヤル」又はお近くの社会保険事務所にお問い合わせください。
加算額の対象者または加給金の対象者　氏名　生年月日　障害の状態　診
（氏）大泉《オオ イズミ》（名）秋久《アキ ヒサ》　昭 5 平 7（平 7）12年 10月 01日　障害の状態にある・ない（ない）
（氏）大泉《オオ イズミ》（名）冬子《フユ コ》　昭 5 平 7（平 7）17年 01月 10日　障害の状態にある・ない（ない）
（氏）（名）　昭 5 平 7　障害の状態にある・ない
連絡欄　X線フィルムの送付 有・無 枚　X線フィルムの返送 年 月 日
(19.9)

＜1枚目＞

＜2枚目＞

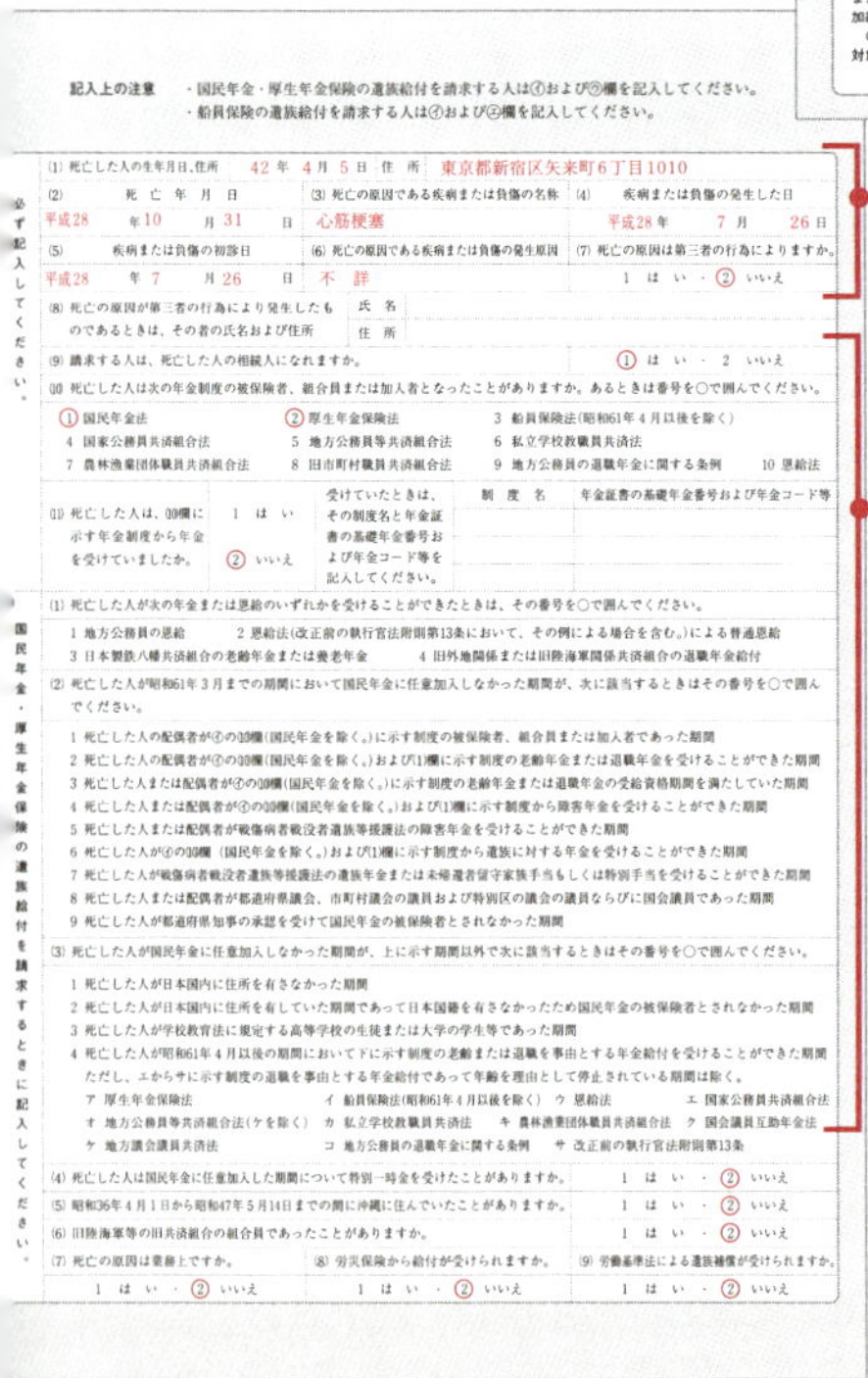
記入上の注意　・国民年金・厚生年金保険の遺族給付を請求する人は㋐および㋒欄を記入してください。
・船員保険の遺族給付を請求する人は㋐および㋓欄を記入してください。
必ず記入してください。
(1) 死亡した人の生年月日、住所　42年 4月 5日　住所　東京都新宿区矢来町6丁目1010
(2) 死亡年月日　平成28年 10月 31日
(3) 死亡の原因である疾病または負傷の名称　心筋梗塞
(4) 疾病または負傷の発生した日　平成28年 7月 26日
(5) 疾病または負傷の初診日　平成28年 7月 26日
(6) 死亡の原因である疾病または負傷の発生原因　不詳
(7) 死亡の原因は第三者の行為によりますか。　1 はい・②いいえ
(8) 死亡の原因が第三者の行為により発生したものであるときは、その者の氏名および住所　氏名　住所
(9) 請求する人は、死亡した人の相続人になれますか。　①はい・2 いいえ
(10) 死亡した人は次の年金制度の被保険者、組合員または加入者となったことがありますか。あるときは番号を○で囲んでください。
①国民年金法　②厚生年金保険法　3 船員保険法（昭和61年4月以後を除く）
4 国家公務員共済組合法　5 地方公務員等共済組合法　6 私立学校教職員共済法
7 農林漁業団体職員共済組合法　8 旧市町村職員共済組合法　9 地方公務員の退職年金に関する条例　10 恩給法
(11) 死亡した人は、(10)欄に示す年金制度から年金を受けていましたか。　1 はい　②いいえ　受けていたときは、その制度名と年金証書の基礎年金番号および年金コード等を記入してください。　制度名　年金証書の基礎年金番号および年金コード等
国民年金・厚生年金保険の遺族給付を請求するときに記入してください。
(1) 死亡した人が次の年金または恩給のいずれかを受けることができたときは、その番号を○で囲んでください。
1 地方公務員の恩給　2 恩給法（改正前の執行官法附則第13条において、その例による場合を含む。）による普通恩給
3 日本製鉄八幡共済組合の老齢年金または養老年金　4 旧外地関係または旧陸海軍関係共済組合の退職年金給付
(2) 死亡した人が昭和61年3月までの期間において国民年金に任意加入しなかった期間が、次に該当するときはその番号を○で囲んでください。
1 死亡した人の配偶者が㋐の(10)欄（国民年金を除く。）に示す制度の被保険者、組合員または加入者であった期間
2 死亡した人の配偶者が㋐の(10)欄（国民年金を除く。）および(1)欄に示す制度の老齢年金または退職年金を受けることができた期間
3 死亡した人または配偶者が㋐の(10)欄（国民年金を除く。）に示す制度の老齢年金または退職年金の受給資格期間を満たしていた期間
4 死亡した人または配偶者が㋐の(10)欄（国民年金を除く。）および(1)欄に示す制度から障害年金を受けることができた期間
5 死亡した人または配偶者が戦傷病者戦没者遺族等援護法の障害年金を受けることができた期間
6 死亡した人が㋐の(10)欄（国民年金を除く。）および(1)欄に示す制度から遺族に対する年金を受けることができた期間
7 死亡した人が戦傷病者戦没者遺族等援護法の遺族年金または未帰還者留守家族手当もしくは特別手当を受けることができた期間
8 死亡した人または配偶者が都道府県議会、市町村議会の議員および特別区の議会の議員ならびに国会議員であった期間
9 死亡した人が都道府県知事の承認を受けて国民年金の被保険者とされなかった期間
(3) 死亡した人が国民年金に任意加入しなかった期間が、上に示す期間以外で次に該当するときはその番号を○で囲んでください。
1 死亡した人が日本国内に住所を有さなかった期間
2 死亡した人が日本国内に住所を有していた期間であって日本国籍を有さなかったため国民年金の被保険者とされなかった期間
3 死亡した人が学校教育法に規定する高等学校の生徒または大学の学生等であった期間
4 死亡した人が昭和61年4月以後の期間において下に示す制度の老齢または退職を事由とする年金給付を受けることができた期間
ただし、エからサに示す制度の退職を事由とする年金給付であって年齢を理由として停止されている期間は除く。
ア 厚生年金保険法　イ 船員保険法（昭和61年4月以後を除く）　ウ 恩給法　エ 国家公務員共済組合法
オ 地方公務員等共済組合法（ケを除く）　カ 私立学校教職員共済法　キ 農林漁業団体職員共済組合法　ク 国会議員互助年金法
ケ 地方議会議員共済法　コ 地方公務員の退職年金に関する条例　サ 改正前の執行官法附則第13条
(4) 死亡した人は国民年金に任意加入した期間について特別一時金を受けたことがありますか。　1 はい・②いいえ
(5) 昭和36年4月1日から昭和47年5月14日までの間に沖縄に住んでいたことがありますか。　1 はい・②いいえ
(6) 旧陸海軍等の旧共済組合の組合員であったことがありますか。　1 はい・②いいえ
(7) 死亡の原因は業務上ですか。　1 はい・②いいえ
(8) 労災保険から給付が受けられますか。　1 はい・②いいえ
(9) 労働基準法による遺族補償が受けられますか。　1 はい・②いいえ

死亡の原因など

「死亡診断書」を参考に記入します。

年金加入の履歴など

国民年金に任意加入しなかった期間などについて、該当するものがあれば◯をつけます。

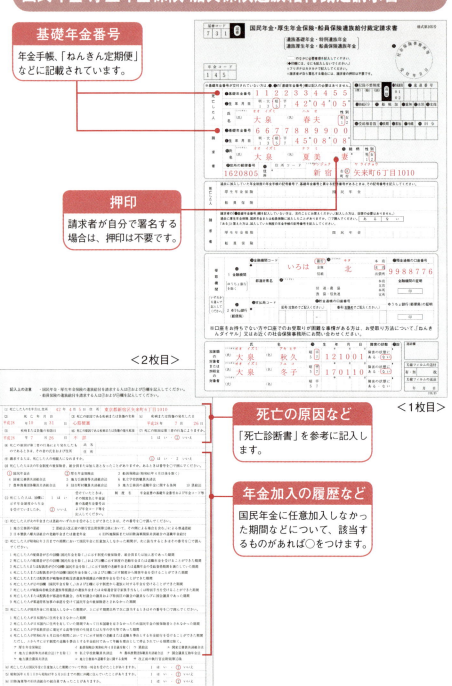

年金加入の履歴など

国民年金に任意加入しなかった期間などについて、該当するものがあれば○をつけます。

(10) 遺族厚生年金を請求する人は、下の欄の質問に答えてください。その結果、アからエのいずれかに「はい」と答えた人で、オまたはカについても「はい」と答えた人は、そのうち1つを選んでください。それにより裁定します。 選んだ記号を記入してください。	ア
ア 死亡したとき死亡した人は、厚生年金保険の被保険者でしたか。	①はい・2 いいえ
イ 死亡の原因となった疾病または負傷が昭和61年3月31日以前の発生であるとき ○死亡した人が厚生年金保険(船員保険)の被保険者の資格を喪失した後に死亡したときであって、厚生年金保険(船員保険)の被保険者であった間に発した疾病または負傷が原因で、その初診日から5年以内に死亡したものですか。	1 はい・②いいえ
ウ 死亡の原因となった疾病または負傷が昭和61年4月1日以後の発生であるとき ○死亡した人が厚生年金保険の被保険者の資格を喪失した後に死亡したときであって、厚生年金保険の被保険者であった間に初診日のある疾病または負傷が原因で、その初診日から5年以内に死亡したものですか。	1 はい・②いいえ
エ 死亡したとき死亡した人は障害厚生年金(2級以上)または旧厚生年金保険(旧船員保険)の障害年金(2級相当以上)を受けていましたか。	1 はい・②いいえ
オ 死亡した人が大正15年4月1日以前の生まれのとき ○死亡した人は旧厚生年金保険(旧船員保険)の老齢年金・通算老齢年金の受給権者でしたか、または受給資格期間を満たしていましたか。	1 はい・②いいえ
カ 死亡した人が大正15年4月2日以後の生まれのとき ○死亡した人は老齢厚生年金または旧厚生年金保険(旧船員保険)の老齢年金・通算老齢年金の受給権者でしたか、または受給資格期間を満たしていましたか。	1 はい・②いいえ
(11) 死亡した人が共済組合等に加入したことがあるときは、下の欄の質問に答えてください。	
ア 死亡の当時は、共済組合等に加入していましたか。	1 はい・2 いいえ
イ 死亡の原因は、公務上の事由によりますか。	1 はい・2 いいえ
ウ 請求者は同一事由によって共済組合等から遺族給付を受けられますか。	1 はい・2 いいえ
㊀ 船員保険の遺族給付を請求するときに記入してください。 (1) 死亡した人の死亡の原因は次のいずれに該当しますか。番号を○で囲んでください。	1 職務上・2 通勤災害
(2) 船員保険から行方不明手当金の支給を受けられますか。	1 はい・2 いいえ
(3) 請求する人が、死亡した人の妻であって55歳未満で加給金対象者の子がなく、かつ、障害により労働能力がない状態にあるときは記入してください。	障害の状態に該当した年月日 年 月 日
(4) 死亡の当時、使用されていた船舶所有者について記入してください。	名称(氏名) 住所

申し立て

故人と同居していた場合は、「(証明する)」「(証明者)」に取り消し線を入れます。別居していた場合は、「(証明する)」に○をして、「(申し立てる)」に取り消し線を入れます。

㊉ 生計維持・同一証明

生計同一関係

右の者は死亡者と生計を同じくしていたこと、および配偶者と子が生計を同じくしていたことを申し立てる。~~(証明する。)~~

平成 28 年 11 月 30日

請求者 ~~(証明者)~~ 住所 新宿区矢来町6丁目1010 氏名 (請求者との関係) 大泉 夏美 (印)

請求者	氏名	続柄
	大泉夏美	妻
	大泉秋久	長男
	大泉冬子	長女

(注) 1 この申立は、民生委員、町内会長、事業主、社会保険委員、家主などの第三者の証明に代えることができます。
2 この申立(証明)には、それぞれの住民票の写しを添えてください。

収入関係

1 この年金を裁定請求する人は次に答えてください。		※確認印	※社会保険事務所等の確認事項
(1) 請求者(名:夏美)について年収は、850万円未満(注)ですか。	(はい)・いいえ	( )印	ア 健保等被扶養者(第三号被保険者)
(2) 請求者(名:秋久)について年収は、850万円未満(注)ですか。	(はい)・いいえ	( )印	イ 加算額または加給年金額対象者
(3) 請求者(名:冬子)について年収は、850万円未満(注)ですか。	(はい)・いいえ	( )印	ウ 国民年金保険料免除世帯
2 上記1で「いいえ」と答えた者のうち、その者の収入がこの年金の受給権発生当時以降おおむね5年以内に850万円未満(注)となる見込がありますか。	はい・いいえ		エ 義務教育終了前 オ 高等学校等在学中 カ 源泉徴収票・非課税証明等

平成 28 年 12 月 12 日提出

平成6年11月8日までに受給権が発生している方は「600万円未満」となります。
請求者が申立てを行う際に自ら署名する場合は、請求者の押印は不要です。

＜3枚目＞

請求者

請求者と加算額の対象者(子)全員の情報を記入します。

㋕ 履歴(公的年金制度加入経過)
※できるだけくわしく、正確に記入してください。

請求者の電話番号 (03)-(××××)-(××××)

	(1) 事業所(船舶所有者)の名称および船員であったときはその船舶名	(2) 事業所(船舶所有者)の所在地または国民年金加入時の住所	(3) 勤務期間または国民年金の加入期間	(4) 加入していた年金制度の種類	(5) 備考
最初	㈱松竹梅港支店	港区大手門1-2	昭63・4・1から 平2・7・31まで	1 国民年金 ②厚生年金保険 3 厚生年金(船員)保険 4 共済組合等	
2		新宿区矢来町6-1010	平2・8・1から 平5・3・31まで	①国民年金 2 厚生年金保険 3 厚生年金(船員)保険 4 共済組合等	
3	㈱さくら商事	中央区新宿100-1	平5・4・1から 平28・10・30まで	1 国民年金 ②厚生年金保険 3 厚生年金(船員)保険 4 共済組合等	
4			・・から ・・まで	1 国民年金 2 厚生年金保険 3 厚生年金(船員)保険 4 共済組合等	
5			・・から ・・まで	1 国民年金 2 厚生年金保険 3 厚生年金(船員)保険 4 共済組合等	
6			・・から ・・まで	1 国民年金 2 厚生年金保険 3 厚生年金(船員)保険 4 共済組合等	
7			・・から ・・まで	1 国民年金 2 厚生年金保険 3 厚生年金(船員)保険 4 共済組合等	
8			・・から ・・まで	1 国民年金 2 厚生年金保険 3 厚生年金(船員)保険 4 共済組合等	
9			・・から ・・まで	1 国民年金 2 厚生年金保険 3 厚生年金(船員)保険 4 共済組合等	
10			・・から ・・まで	1 国民年金 2 厚生年金保険 3 厚生年金(船員)保険 4 共済組合等	
11			・・から ・・まで	1 国民年金 2 厚生年金保険 3 厚生年金(船員)保険 4 共済組合等	
12			・・から ・・まで	1 国民年金 2 厚生年金保険 3 厚生年金(船員)保険 4 共済組合等	
13			・・から ・・まで	1 国民年金 2 厚生年金保険 3 厚生年金(船員)保険 4 共済組合等	

(6) 死亡した人が最後に勤務した事業所について記入してください。 1 事業所(船舶所有者)の名称を記入してください。	名称 ㈱さくら商事
2 健康保険(船員保険)の被保険者証の記号番号がわかれば記入してください。	記号 ○○ 番号 01020304
㊅ 死亡した人が退職後、個人で保険料を納める第四種被保険者、船員保険の年金任意継続被保険者となったことがありますか。	1 はい・②いいえ
「はい」と答えたときは、その保険料を納めた社会保険事務局、社会保険事務所または社会保険事務局の事務所の名称を記入してください。	
その保険料を納めた期間を記入してください。	昭和 平成 年 月 日から 昭和 平成 年 月 日
第四種被保険者(船員年金任意継続被保険者)の整理記号番号を記入してください。	(記号) (番号)

＜4枚目＞

事業所の所在地

不明なときは市区町村名だけでも構いません。国民年金の加入期間は自宅の住所を書きます。

最後の勤務先

故人が最後に勤務した事業所の名称を記入します。

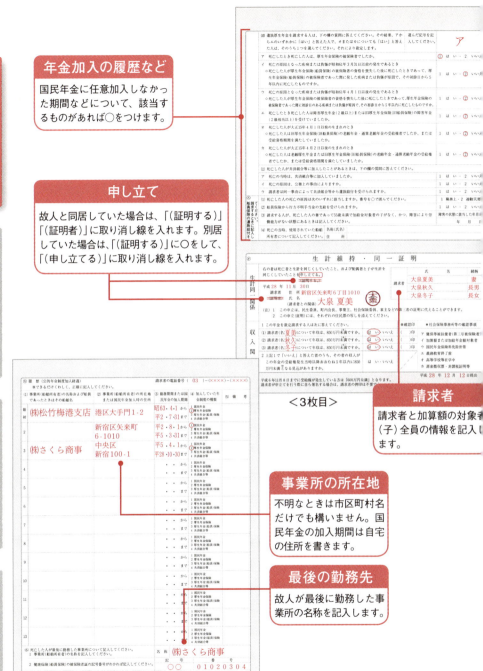

遺族補償年金支給請求書の書き方

災害の原因及び発生状況

どのような場面で災害が起きたのかを、簡潔に記載します。

平均賃金

災害が発生した日、または発症が確定した日の直前の３カ月間に故人に対して支払われた賃金の総額（ボーナスや臨時賃金を除く）を、その期間の暦日数で割った1日当たりの賃金。

様式第12号（表面）

業務災害用

労働者災害補償保険

遺族補償年金支給請求書
遺族特別支給金 遺族特別年金 支給申請書

年金新規報告書提出

① 労働保険番号				
府県	所掌	管轄	基幹番号	枝番号

② 年金証書の番号				
管轄局	種別	西暦年	番号	枝番号

③ 死亡労働者の	
フリガナ	オオ イズミ ハル オ
氏名	大泉 春夫（男・女）
生年月日	昭和42年 4月 5日（48 歳）
個人番号	0 0 1 1 2 2 3 3 4 4 5 5
職種	営業
所属事業場名称・所在地	

④ 負傷又は発病年月日	平成28年 10月 28日 午前・後 4 時 45 分頃
⑤ 死亡年月日	平成28年 10月 31日
⑦ 平均賃金	10,000円 銭
⑧ 特別給与の総額（年額）	1,000,000 円

⑥ 災害の原因及び発生状況

本人運転の営業車でたちばな株式会社からの帰路、文京区富士見ヶ丘の路上でダンプカーと衝突、全身打撲で重体。三日後に死亡。

⑨ 厚生年金保険等の受給関係

㋑ 死亡労働者の厚年等の年金証書の基礎年金番号・年金コード		㋺ 死亡労働者の被保険者資格の取得年月日	年 月 日

㋩ 当該死亡に関して支給される年金の種類

厚生年金保険法の イ 遺族年金 ロ 遺族厚生年金	国民年金法の イ母子年金 ロ準母子年金 ハ遺児年金 ニ寡婦年金 ホ遺族基礎年金	船員保険法の遺族年金

支給される年金の額	支給されることとなった年月日	厚年等の年金証書の基礎年金番号・年金コード（複数のコードがある場合は下段に記載すること。）	所轄年金事務所等
円	年 月 日		

受けていない場合は、次のいずれかを○で囲む。 ・裁定請求中 ・不支給裁定 ・未加入 ・請求していない ・老齢年金等選択

③の者については、④、⑥から⑧まで並びに⑨の㋑及び㋺に記載したとおりであることを証明します。

平成28 年 10 月 28 日

事業の名称 ㈱さくら商事 電話（ 03 ）×××× － ××××

〒 100 － 0000

事業場の所在地 東京都中央区新宿100-1

事業主の氏名 桜井 太郎

（法人その他の団体であるときはその名称及び代表者の氏名）

〔注意〕⑨の㋑及び㋺については、③の者が厚生年金保険の被保険者である場合に限り証明すること。

⑩ 請求人 申請人

氏名（フリガナ）	生年月日	住所（フリガナ）	死亡労働者との関係	障害の有無	請求人（申請人）の代表者を選任しないときは、その理由
大泉《オオイズミ》 夏美《ナツミ》	昭和45・8・8	新宿区矢来町6-1010	妻	ある・ない	
	・ ・			ある・ない	
	・ ・			ある・ない	
	・ ・			ある・ない	

⑪ 請求人（申請人）以外の遺族補償年金を受けることができる遺族

氏名（フリガナ）	生年月日	住所（フリガナ）	死亡労働者との関係	障害の有無	請求人（申請人）と生計を同じくしているか
大泉《オオイズミ》 秋久《アキヒサ》	平成12・10・1	新宿区矢来町6-1010	長男	ある・ない	いる・いない
大泉《オオイズミ》 冬子《フユコ》	平成17・1・10	新宿区矢来町6-1010	長女	ある・ない	いる・いない
	・ ・			ある・ない	いる・いない
	・ ・			ある・ない	いる・いない

⑫ 添付する書類その他の資料名

⑬ 年金の払渡しを受けることを希望する金融機関又は郵便局

金融機関（郵便貯金銀行の支店等を除く）	名称	※金融機関店舗コード いろは 銀行・金庫 農協・漁協・信組 北 本店・本所 出張所 支店・支所
	預金通帳の記号番号	普通・当座 第 9988776 号
郵便貯金銀行の支店等又は郵便局	フリガナ 名称	※郵便局コード
	所在地	都道府県 市郡区
	預金通帳の記号番号	第 号

上記により 遺族補償年金の支給を請求します。遺族特別支給金 遺族特別年金 の支給を申請します。

28 年 11 月 15 日

新宿 労働基準監督署長 殿

〒 162 －0805 電話（ 03 ）×××× － ××××

請求人 申請人（代表者）の 住所 新宿区矢来町6-1010

氏名 大泉 夏美

□本件手続を裏面に記載の社会保険労務士に委託します。

個人番号 0 1 2 3 4 5 6 7 8 9 0 1

特別支給金について振込を希望する金融機関の名称		預金の種類及び口座番号
いろは 銀行・金庫 農協・漁協・信組	北 本店・本所 出張所 支店・支所	普通・当座 第 9988776 号 口座名義人 大泉 夏美

特別給与の総額（年額）

災害が発生した日、または発症が確定した日以前1年間に故人が受けた特別給与(ボーナスなど期間ごとの賃金。臨時賃金を除く)の総額。

請求人以外の遺族

請求人以外で遺族補償年金を受けることのできる遺族を記入します。

事業主の証明

事業主の直筆か、押印を受け、証明を受けることが必要です。

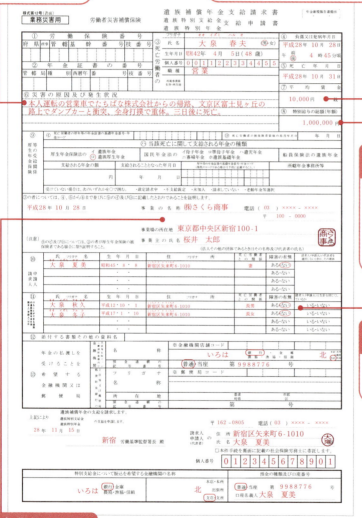

2章

遺産相続について

遺産の相続

遺産を相続するための手続きには、期限があるものもあります。気がつくと期限が迫っていることも多いので、手順を整理し、急ぐものから順番に取りかかりましょう。

故人の財産を すべて引き継ぐのが原則

遺産相続は、故人の預貯金や土地などのプラスの財産だけでなく、借金などのマイナスの財産も、相続人がすべて引き継ぐのが原則です。故人がどんな財産を残し、相続人は何人か、遺言書はあるのかなど、相続の全体像をつかむことが大切です。

やるべき手続きが整理できたら、期限があるものから優先して進めていきましょう。

期限が決められている手続き

死亡を知ったときから3カ月以内に行う

相続放棄・限定承認

プラスの財産も負債もすべて引き継がない「相続放棄」やプラスの財産の範囲内で負債を引き継ぐ「限定承認」をする場合は期限内に家庭裁判所への申請が必要です。期限を過ぎると、借金などがあっても放棄できなくなります。➡P.63 参照

死亡を知った日の翌日から4カ月以内に行う

準確定申告

自営業や、会社員でも年収が2000万円以上などで確定申告義務があった人、医療費控除を受ける人などは、管轄の税務署で所得税の準確定申告を行います。➡P.24 参照

死亡を知った日の翌日から 10 カ月以内に行う

相続税の申告・納付

相続税の申告が必要な場合は、申告期限内に遺産分割を終わらせ、相続税の申告・納付を行わなければなりません。期限を過ぎると延滞税などが加算されます。➡P.67 参照

◆ 遺産相続の流れ ◆

夫（被相続人）の死亡		
▼ 死亡届を提出する		死亡の事実を知った日から７日以内に、死亡地、本籍地、届出人の住所地のいずれかに提出します。
▼ 遺言書の有無を確認する	➡P.60参照	自筆証書遺言書または秘密証書遺言書が見つかったときは家庭裁判所で検認の手続きを行います。
▼ 相続人を確定する	➡P.61参照	故人の生まれてから亡くなるまでのすべての戸籍謄本を取り寄せ、法定相続人を確定します。
▼ どんな財産があるかを調べる	➡P.62参照	故人名義の不動産、預貯金などのプラスの財産と借金などのマイナスの財産を洗い出します。
▼ 相続の承認・放棄（死亡から3カ月以内）	➡P.63参照	負の財産が多いときは、３カ月以内に相続放棄または限定承認を家庭裁判所に申し立てます。
▼ 相続財産の評価を行う	➡P.64参照	遺産目録を作成し、各財産の評価方法を用いて、現金に換算した場合の価値を調べます。
▼ 故人の準確定申告を行う（死亡から4カ月以内）	➡P.24参照	自営業者などの場合は、４カ月以内に亡くなった日までの所得税の確定申告を行います。
▼ 遺産分割協議を行う	➡P.65参照	相続人全員で故人のどの財産を誰が引き継ぐかを話し合い、「遺産分割協議書」を作成します。
▼ 相続税の計算を行う	➡P.66,68参照	相続財産の評価額から基礎控除額などを差し引いて、相続税の申告が必要かどうかを計算します。
▼ 相続税の申告・納付を行う（死亡から10カ月以内）	➡P.67参照	相続税が課税される場合は、10カ月以内に、納税地の税務署に申告書を提出し、納税します。

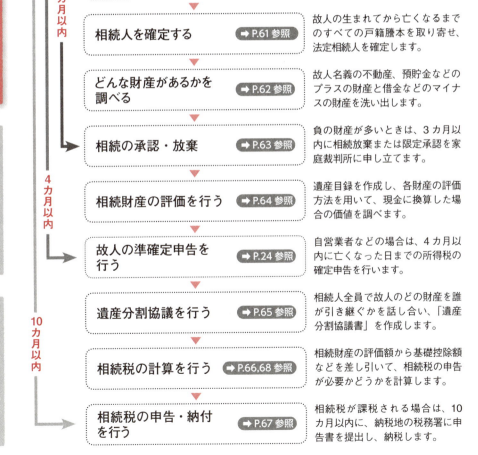

遺言書の有無を確認する

遺言書があれば優先し
なければ相続人で話し合い

相続は、故人が遺言書を残していた場合には、遺言書の内容を優先して財産を分けます。

遺言書がなかった場合や、遺言書の内容に納得がいかない相続人がいたときは、相続人全員で「遺産分割協議」を行い、話し合いで財産の分け方を決めます。

協議で相続人全員が合意すれば、財産をどのように分けてもかまいません。しかし、決着がつかない場合は、家庭裁判所の調停や審判で解決をはかります。

◆ 遺言書の有無と手続きの流れ ◆

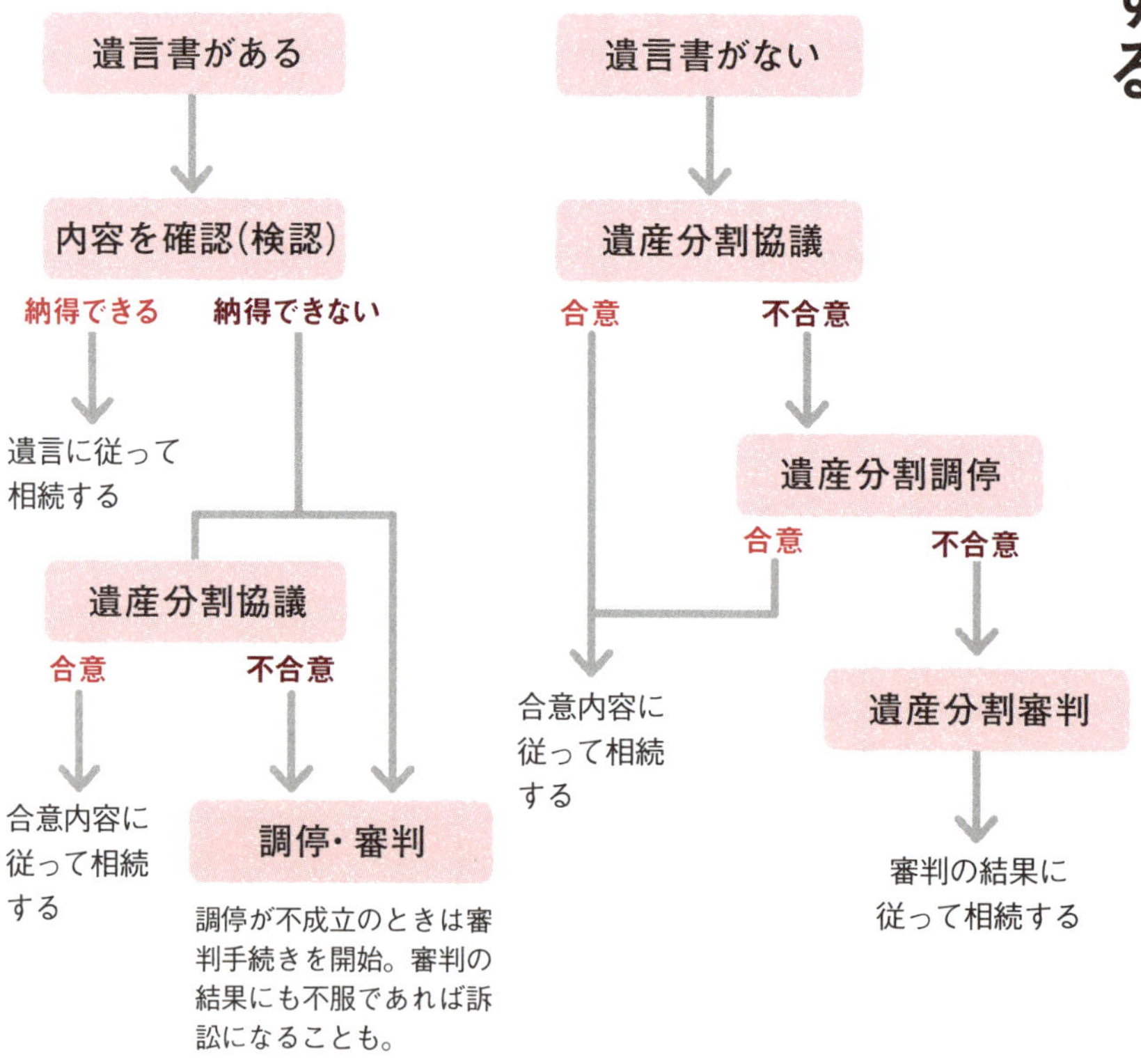

相続人を確定する

相続人は故人との関係によって優先順位が決まる

故人の財産を相続する資格があるのは、遺言書で指定された人と、民法で定められている「法定相続人」です。戸籍謄本を取り寄せ、確認しましょう。

法定相続人の範囲は、故人の配偶者（妻）、子（孫）、父母、兄弟姉妹（甥・姪）です。この中で配偶者は常に相続人となりますが、それ以外は、「順位」の高い人から相続権が発生します。第1順位は子（亡くなっていれば孫）、第2順位は父母、第3順位は兄弟姉妹（亡くなっていれば甥・姪）となります。

相続人の範囲と相続財産をもらえる順番

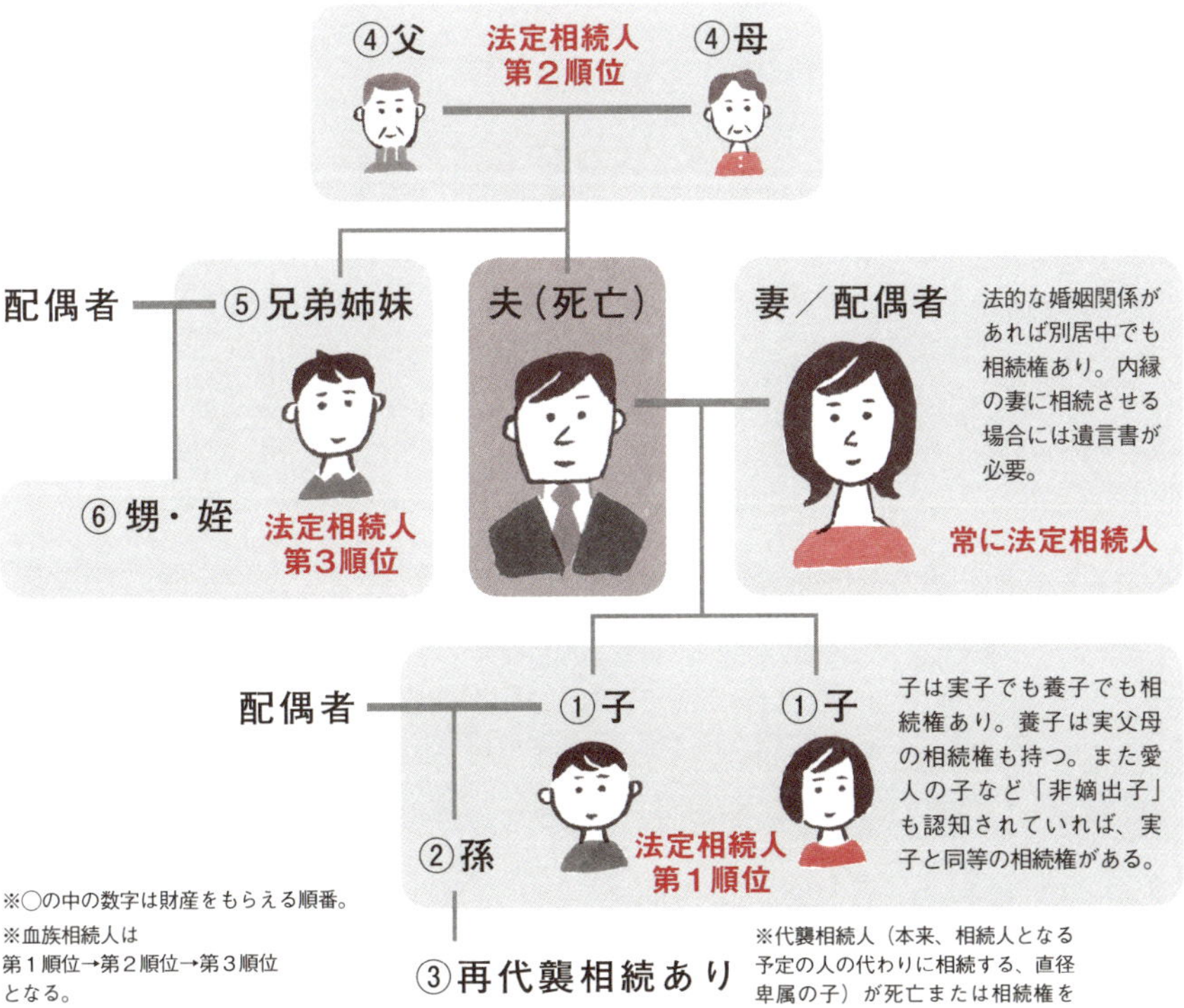
④父
法定相続人
第2順位
④母
配偶者
⑤兄弟姉妹
⑥甥・姪
法定相続人
第3順位
夫（死亡）
妻／配偶者
法的な婚姻関係があれば別居中でも相続権あり。内縁の妻に相続させる場合には遺言書が必要。
常に法定相続人
配偶者
①子
①子
②孫
法定相続人
第1順位
子は実子でも養子でも相続権あり。養子は実父母の相続権も持つ。また愛人の子など「非嫡出子」も認知されていれば、実子と同等の相続権がある。
③再代襲相続あり

※◯の中の数字は財産をもらえる順番。

※血族相続人は
第1順位→第2順位→第3順位
となる。

※代襲相続人（本来、相続人となる予定の人の代わりに相続する、直径卑属の子）が死亡または相続権を失っていた場合、代襲相続人の子が代襲相続人に代わって、承継するはずだった代襲相続分を承継することを「再代襲相続」といいます。

どんな財産があるかを調べる

相続財産を探し、リストアップする

遺産を分けるには、故人がどんな財産をどれだけ持っていたか洗い出す必要があります。

故人が残した財産のうち、プラス財産（積極財産）とマイナス財産（消極財産）が相続対象となります。故人が残したものでも、墓石や生命保険など相続財産とはみなされないものもあります。

相続財産とそうでないものをリストアップし、財産の種類や価値を把握しましょう。相続を承認するか放棄するかの基準にもなります。

財産の種類

相続財産とみなされるもの	プラス財産（積極財産）	□ 現金、預貯金 □ 不動産（土地・建物） □ 株式・公社債 □ 債権（貸金・売掛金・未収金・手形・小切手） □ 損害賠償請求権（交通事故など） □ 動産（自動車・家財道具・貴金属・古美術品・絵画・骨董品など） □ 農地・山林 □ 電話加入権 □ 借地権・借家権 □ ゴルフ会員権 □ 生命保険金（故人が自分自身を被保険者および受取人とする保険契約を結んでいた場合）
	マイナス財産（消極財産）	□ 公租公課（未納の税金） □ 保証義務（借金の保証義務） □ 債務（借金・買掛金・未払金・手形・小切手） □ 損害賠償責任（交通事故・不法行為など）
相続財産とみなされないもの		□ 祭祀《さいし》財産（仏壇・仏具・位牌・神棚・墓地・墓石・遺骨など） ※相続人とは別に継承者を決める □ 香典・葬儀費用 □ 生命保険金（故人以外が受取人の場合） □ 故人が身元保証人となっていた地位 □ 個人的な権利（公的年金など）

相続の承認・放棄

マイナスの財産が多いときは放棄もできる

故人に借金やローンなど、マイナスの財産があるときは、「相続放棄」や「限定承認」を選択することもできます。

明らかにマイナス財産が多いときは相続放棄、プラスかマイナスか判断できないときは限定承認がよいと言われます。

すべての財産を引き継ぐ「単純承認」とちがい、相続放棄または限定承認をするときは、家庭裁判所に申請の手続きをしなければなりません。

相続の承認と放棄

相続を放棄する

相続人が遺産に関するすべての権利を手放すことを「放棄」といいます。相続放棄をすると、はじめから相続人ではなかったものとみなされるため、放棄した人の子どもも権利はなくなります。

＜申請と手続き＞

故人の住所地の家庭裁判所に「相続放棄の申述書」を提出。

＜申請期限＞

相続開始を知った日から３カ月以内

Point

相続取り消しはできないので慎重に

いったん承認または放棄した相続は、詐欺や脅迫などによるもの以外は、撤回や取り消しが認められません。選択には熟慮が必要です。

相続を承認する

相続人が「相続する」という意思を明らかにすることを承認といいます。承認には「単純承認」と「限定承認」があります。

単純承認

無条件にすべての財産を受け継ぐ方法。

限定承認

遺産の限度額内で負債も受け継ぐ方法。

＜申請と手続き＞

単純承認は手続きなし。限定承認は、財産目録を作成し、故人の住所地の家庭裁判所に相続人全員が共同して「相続の限定承認の申述書」を提出。

＜申請期限＞

相続開始を知った日から３カ月以内

相続財産の評価を行う

相続税のかかる財産がどれくらいあるかを調べる

相続税は、故人の残した財産すべてにかかるものではありません。遺産の中には相続税の対象になるものと、ならないものがあります。

相続税の課税対象になるのは、①預金、現金、土地などの「相続・遺贈で得た財産」。②死亡保険金や死亡退職金などの「みなし相続財産」。③亡くなる3年以内に故人からもらった「生前贈与財産」の3種類です。

①、②については、相続開始日の時価で計算し、③については、贈与された当時の価格で評価します。

相続税の対象となる財産

相続や遺贈で得た財産

故人が残した財産のうち、現金に換算できるすべての財産のこと。「遺贈」は、遺言書の指定で譲り受ける財産を指す。

たとえば
- 土地、建物などの不動産
- 現金、預貯金
- 株式などの有価証券
- 貴金属、絵画、骨董品
- 自動車　　など

みなし相続財産

故人が所有していたわけではないが、死亡により相続が発生する財産のこと。死亡保険金や死亡退職金のうち「500万円×法定相続人の数」は、非課税となる。

たとえば
- 生命保険金、損害保険金
- 死亡退職金
- 生命保険契約に関する権利
- 個人年金　　など

生前に贈与された財産

相続開始前3年以内に故人から金銭などの贈与を受けた財産。暦年贈与制度※の基礎控除分110万円以内であっても、課税対象となる。

※暦年贈与制度とは、暦年（1月1日～12月31日）ごとに行われた贈与が、110万円以下であれば贈与税がかからない制度。

Point

生前に「相続時精算課税制度」を選択していたら

贈与者が亡くなったとき、贈与財産と相続財産を合計した金額をもとに計算した相続税額から、すでに納めた贈与税を控除して計算します。

遺産分割協議を行う

遺言書がない場合は相続人全員で協議

故人の遺言書がない場合や遺言の内容に従わない場合には、相続人全員で遺産分割協議を行い、誰が何を相続するかを話し合います。一般的に、法定相続分（➡P69）を基準に分割協議を行いますが、相続人全員が同意すれば、すべての財産を特定の人物に相続させることもできます。

協議が調えば、相続人に遺産を分けることになりますが、分割方法には「現物分割」「換価分割」「代償分割」の3通りあります。

遺産の分割方法

現物分割

土地・建物を妻、自動車を長男、貴金属を長女というように、故人の残した財産をお金に換算せず、そのままの形で相続する方法。相続するものにより、価値に差が生じる。

換価分割

不動産や自動車など、金銭以外のものは売却し、すべて換金したうえで、分配する方法。法定相続分できっちり分配したいときなどに有効だが、売却時に税金がかかるものも。

代償分割

法定相続分で分割するが、自宅の土地建物などは1人が相続したほうが都合がよいというような場合、ほかの相続人には相当の金銭を支払い、相続割合を平等にする方法。

遺産分割協議書を作成する

遺産分割協議が成立したときは、合意内容をまとめた「遺産分割協議書」を作ります（➡P80）。

不動産や金融機関の名義変更手続きなどに必要となるため、きちんと作成してください。書面には、相続人全員が合意の証として、署名し実印を押します。

Point

分割協議書を書くときは

正確に記載しないと公的な書類として使えないことがあります。不動産は登記簿謄本通り、預貯金も銀行名・支店名・口座番号を正確に記載すること。相続人が自筆で署名し、実印を押し印鑑証明書を添付しましょう。

相続税を算出する

基礎控除以上の財産があるときに課税される

相続税の対象となる財産があった場合には、実際に相続税がかかるかどうか計算してみましょう。

相続税には、さまざまな控除があります。まず、どんな相続人にも適用されるのが、基礎控除です。相続財産のうち、「３０００万円＋（６００万円×法定相続人の数）」は、遺産から差し引かれます。たとえば、相続人が配偶者と子が二人という場合は、法定相続人の数は×３人で４８００万円が基礎控除額となり、相続財産の総額がその額以下なら課税されません。

相続人ごとの主な控除

配偶者控除
（配偶者の税額軽減）

配偶者が遺産分割や遺贈により相続した分については、１億6000万円または配偶者の法定相続額のうち、どちらか多いほうの金額まで相続税がかからない制度。

未成年者控除

相続人が未成年者の場合は、その未成年者が満20歳になるまでの年数1年につき10万円を、相続税額より差し引ける。たとえば、16歳なら10万×４年で40万円が控除となる。

障害者控除

相続人が障害者であるときは、満85歳になるまでの年数1年につき、10万円を相続税額から差し引ける。特別障害者の場合は、1年につき20万円で計算する。

相続税の計算の流れ

① 相続総額を算出する

相続財産から非課税財産と債務・葬式費用を控除し、３年以内の贈与財産を加えて求める。

② 課税価格を算出する

①から、基礎控除額（3000万円＋600万円×法定相続人の数）を控除して求める。

③ 相続税の総額を算出する

②を法定相続分で分けたものと仮定して求める。

④ 各人の納付税額を算出する

③に、各人が相続した財産の割合を乗じて各人の相続税額を割り出し、税額控除などを加減して求める。

➡P.68 参照

相続税の申告・納付を行う

▼期限 **相続開始を知った日の翌日から10カ月以内**

故人の納税地を管轄する税務署へ申告する

遺産が基礎控除額以上ある場合には、故人の住所地の税務署に相続税を申告します。

遺産総額が基礎控除内におさまる場合は、申告の必要はありません。ただし、相続税の「配偶者税額軽減の特例」や、同居する家族が自宅を相続し、「小規模宅地の課税価格の特例」を利用して控除額以下となった場合などは、申告が必要です。

相続税の計算は複雑な場合が多いため、税理士に依頼したほうがよいケースもあります。

期限を過ぎると延滞税や加算税が課される

相続税は、相続開始日(亡くなったことを知った日)の翌日から10カ月以内に、金銭で納付するのが原則です。納税が遅れたときは延滞税が、また過少申告や申告をしなかったときなどは、ペナルティとして加算税が課せられます。

！ こんな場合は…

期限までに分割が決まらないとき

期限内に遺産分割が決まらないときは、各相続人が法定相続分に従って、相続したと仮定して課税価格を計算し、期限内に申告します。納税済みでも分割確定後に修正申告や更正の請求を行えば、延滞税や加算税は課されません。

◆ 相続税申告書提出の流れ ◆

① 必要書類をそろえる

相続人の状況や相続財産によって必要書類は異なるので税務署で確認を。

② 申告書を作成する

申告書は第１表から第15表まであり、内容によって作成するべき申告書が異なる。

③ 申告書を提出し、納税する

申告書は、被相続人の住所地の管轄税務署へ提出する。
納付に関しては金融機関または税務署ならどこでもよい。

計算例

相続税の計算の方法

ここでは具体的な計算方法を紹介します。
相続人は配偶者と、20歳未満の子2人のケースです。

相続人

妻（配偶者）　長男（16歳）　長女（11歳）

STEP 1 相続総額を算出する

相続する財産のすべてを負債などの
マイナス財産も含めて金額化し、総額を出します。

小規模宅地評価減の適用後の額

みなし相続財産の課税額
死亡保険金ー（500万円×法定相続人の数）
→4,500万円ー（500万円×3人）=3,000万円

自宅（土地・建物）	5,000万円
預貯金	2,800万円
有価証券	300万円
みなし相続財産	3,000万円
ローン	0万円
葬式費用	−600万円
計	Ⓐ10,500万円

memo
小規模宅地評価減とは、居住用宅地なら、330平方メートルまでは課税額が80％減額される制度。

memo
死亡保険金は「みなし相続財産 ➡P.64」とされ、500万円×法定相続人の数は非課税になります。その分を引いた金額です。

memo
ローンや負債などのマイナス財産、また葬儀費用など相続財産とみなされないものは、マイナスします ➡P.62。

memo
3000万円に、600万円に法定相続人の数をかけた金額がプラスされます。

STEP 2 基礎控除額を算出する

相続税には一律に差し引かれる基礎控除があります。
その額は、法定相続人の人数で変わります。

3,000万円 ＋（600万円× 3 人）＝ Ⓑ4,800万円

（3：法定相続人の数）

STEP 3 課税価格の総額を算出する

相続総額から基礎控除額を引いた額が、課税価格になります。

Ⓐ 10,500万円 − Ⓑ 4,800万円 ＝ 相続税がかかる金額 5,700万円

STEP 4 法定相続分に基づき、各相続人の相続税額を算出する

相続財産の分け方は、話し合いで自由に決められますが、
民法には「法定相続分」という目安があります。
ここでは、法定相続分に従った分け方で計算します。

			法定相続分		各自の相続
 妻	5,700万円	×	1/2	＝	2,850万円
 長男	5,700万円	×	1/4	＝	1,425万円
 長女	5,700万円	×	1/4	＝	1,425万円

memo

法定相続分とは?

民法で決められた相続の配分の目安が「法定相続分」で下のような分け方になります。配偶者は常に相続人で、ほかの相続人との組み合わせで割合が変わります。同一順位の相続人が複数いるときは、法定相続分の中で等分します。

配偶者と子

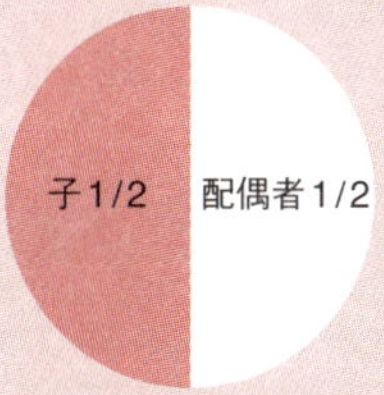

配偶者と子で分けるときには、1/2ずつとなる。

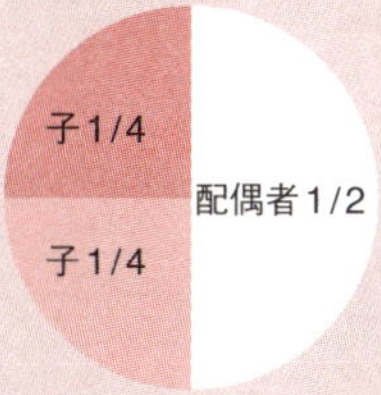

子が2人なら、子の相続分の1/2をさらに2人で分ける。

配偶者と親

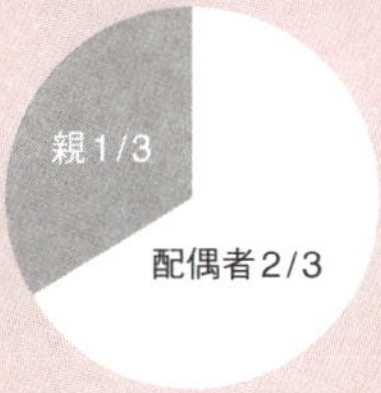

配偶者と親で分けるときには、配偶者が2/3、親が1/3の割合となる。

配偶者と兄弟姉妹

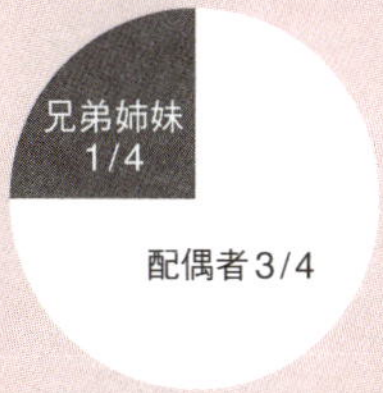

配偶者と兄弟姉妹で分けるときには、配偶者が3/4、兄弟姉妹が1/4の割合となる。

← 次のページへ

STEP 5 相続税の総額を算出する

相続税の算出は、まず下記の早見表を確認し、相続人それぞれの法定相続額に税率をかけ、そこから控除額を差し引きます。全員の相続税額を足したものが相続税の総額です。

相続税率

妻 （2,850万円 × 15%）－ 50万円 ＝ 377万円

長男 （1,425万円 × 15%）－ 50万円 ＝ 164万円

控除額

長女 （1,425万円 × 15%）－ 50万円 ＝ 164万円

相続税の総額

705万円

◆ 相続税率と控除額の早見表 ◆

相続税額	相続税率	控除額
6億円超	55%	7,200万円
6億円以下	50%	4,200万円
3億円以下	45%	2,700万円
2億円以下	40%	1,700万円
1億円以下	30%	700万円
5,000万円以下	20%	200万円
3,000万円以下	15%	50万円
1,000万円以下	10%	控除額なし

「相続税の申告のしかた」平成 28年分用 (税務署)より

STEP 6 相続税の相続割合に応じて分ける

最終的な計算は、実際に相続した割合で総額を分割します。

※1 ここの割合は、85ページの例で出た数値を使用しています。 ※2 千円以下は四捨五入。

妻 705万円 × 0.62544[※1] ＝ 441万円[※2]

配偶者控除 ➡P.66 の適用

取得した財産が1億6000万円以下か、法定相続分以下なら相続税はかからない

妻が支払う相続税

0円

長男（16歳） 705万円 × 0.23013 ＝ 162万円

未成年者控除 ➡P.66 の適用

20歳になるまでの年数× 10万円

→4年× 10万円 =40万円

－ 40万円

長男が支払う相続税

122万円

長女（11歳） 705万円 × 0.14443 ＝ 102万円

未成年者控除の適用

20歳になるまでの年数× 10万円

→ 9年× 10万円 =90万円

－ 90万円

長女が支払う相続税

12万円

遺産分割協議に納得がいかなかったら?

相続人同士で話し合っても、財産の分け方に納得できないときは、家庭裁判所の調停または審判の手続きを利用することができます。

遺産分割調停で話し合いを行う

相続人同士で話し合いをしても、全員の意見が一致しなければ、いつまでたっても財産を分割できない状態になってしまいます。そうすると、預貯金などの口座は凍結されたままで不便が続きます。

また、相続税がかかるケースでは、遺産分割協議が長引くと税の申告・納税の期限に間に合わないといった事態を招くこともあります。

このようなときは、家庭裁判所の調停を利用する方法もあります。調停は、相続人のうちの一人または何人かが、ほかの相続人全員を相手方として申し立てを行います。裁判所では、第三者が当事者双方から事情を聞き、解決案の提示やアドバイスをして、全員が合意することを目指します。

それでも納得がいかなければ遺産分割審判へ

調停の話し合いがまとまらないと、自動的に審判手続きが開始されます。審判では、裁判官による審理が行われ結論が出されることになります。審判の結果にも不満がある場合は、高等裁判所に抗告することもできます。

用語解説

「家庭裁判所」って?

相続、離婚など家庭内での親族関係、夫婦関係の調整や少年事件などの調停や審判などを取り扱う裁判所です。通常の訴訟手続きとちがい、原則、非公開で審理が行われます。

手続きに際して

▶必要なもの

- □申立書1通およびその写しを相手方の人数分
- □収入印紙1,200円分
- □故人の除籍・改製原戸籍謄本
- □相続人全員の戸籍謄本
- □相続人全員の住民票(または戸籍附票)
- □遺産に関する証明書など

▶届け先

相手方のうちの1人の住所地の家庭裁判所、または当事者が合意で定める家庭裁判所

◆遺産分割調停・審判の流れ◆

遺産分割協議が不成立

↓

調停の相手方のうち１人の相続人の住所地の家庭裁判所または当事者間の合意で定めた家庭裁判所に、申立書と必要書類を提出します。

家庭裁判所へ調停申し立て

↓

裁判官１人と調停員２人以上で構成される調停委員会が中立な立場で、相続人それぞれの話を聞き、双方が納得できる解決に向け助言やあっせんを行います。調停は非公開で行われ、当事者同士が顔を合わせないこともあります。

調停

成立 ↓

調停調書の作成

調停で合意された内容が「調停調書」という文書にまとめられます。調書の取り決めを守らない人がいたときは、家庭裁判所に履行勧告・命令・強制執行を申し立てることができます。

不成立 ↓

審判

調停が不調に終わると、自動的に審判手続きが開始されます。審判で裁判官により下された決定は強制力があり、実行されない場合は、履行勧告・命令・強制執行の対象となります。

↓

分割を実行し相続する

不服がある ↓

不服があるときは？

審判の結果にも納得できない場合には、２週間以内に不服申し立て（即時抗告）を行うこともできます。抗告状と抗告理由を証明する証拠書類などを家庭裁判所に提出すると、高等裁判所で再審理が行われます。

遺産相続Q&A

思わぬトラブルが発生することも
気になる疑問や問題を
Q&Aにまとめてみました。

Q 事実婚の場合、相続の配分はどうなるの？

A 遺言書がなければ事実婚の配偶者に相続権はない

夫婦としてどんなに長く生活していても、未入籍の配偶者には、相続権がありません。配偶者の相続人になるには、法律上の婚姻関係が必要です。事実婚が認められるのは、労働法のみです。つまり、遺族年金を受給する権利はあります。

事実婚の配偶者に財産を相続させたいときは、亡くなる前に入籍するか、事実婚の配偶者に財産を相続させるという内容の遺言書を残す必要があります。

Q 養子縁組をしている子どもの相続権は？

A 実子と同じように養親の法定相続人になれる

民法で定められた相続人は、血縁関係が優先されます。しかし、養子縁組をした場合、養子は実子と同じように養親の財産を相続する権利があります。また、養子は、養子縁組前の実父母の財産の相続権もあります。

民法上では何人でも養子縁組できます。ただし、相続税対策で養子縁組をする場合は、税法上、養子は一人分までしか基礎控除が認められません。

Q 夫が再婚で、妻に連れ子がいたら相続権はどうなる？

A 再婚した夫と子が養子縁組をしなければ相続権はない

連れ子と夫の間で養子縁組をしていれば、連れ子も実子同等に夫の財産を相続する権利があります。また、連れ子は妻の元夫（血縁関係のある実の父親）の財産も相続する権利があります。

養子縁組をしなければ、連れ子が再婚した夫の財産を相続することはできません。再婚した夫が亡くなったときは、妻と夫の両親または兄弟姉妹が法定相続人となります。

Q 夫の隠し子が発覚。認知を求められたが拒否できる？

A 家庭裁判所で死後認知が認められるケースもある

夫の戸籍に記載のない子は、原則として相続権はありません。しかし、民法７８７条で、死後3年以内であれば「死後認知」という方法が認められています。

隠し子側から家庭裁判所に死後認知の訴えがあった場合には、親子関係の鑑定などが行われます。親子関係が認められた場合には、その子は出生時にさかのぼって夫と親子関係があったとみなされます。

また、認知された子には相続権が発生します。そのため夫の財産を、実子と同様に隠し子にも分ける必要が生じます。

Q 思いがけない相続人の存在がわかったら？

A 故人と血縁関係がある人なら法定相続人になる

遺産相続では、故人が生まれてから亡くなるまでの戸籍謄本をすべて収集します。それは、故人に実子以外の子や、存在を知らなかった兄弟姉妹などがいないかということを調べるためです。

まず、戸籍謄本のほかに改製原戸籍、除籍謄本、戸籍の附表を故人の本籍地の役所に請求します。その中に認知された子が載っていた場合は、実子と同じく法定相続人となります。この場合、その子と面識や交流がなくても、連絡を取り遺産分割協議に参加してもらう必要があります。

Q 行方不明の相続人がいたらどうなる？

A 相続人全員で裁判所に失踪宣告の申し立てをする

相続人の中に行方不明者がいたときは、行方不明者以外の相続人で協議を進めることはできません。行方不明になってから7年（※危難失踪は1年）以上たっているときは、相続人全員で家庭裁判所に失踪宣告の申し立てを行い、認められれば、行方不明者は亡くなったものとして遺産分割協議を進められます。ただし、7年たっていないときは、不動産の登記移転や相続税の申告などの手続きが滞ります。

相続人となる人に行方不明者がいるときは、生前に遺言書を残しておくことをおすすめします。

※船舶の沈没や震災などに遭遇し、その後の生死が１年間明らかでないとき

手続き・届け出の書類の書き方

その2

遺産相続の手続き

遺産相続の手続きにはさまざまな書類が必要です。
それぞれの書類の書き方を、記入例をもとに紹介します。
書類の形式は年度や場所によって違ったり、変わったりしますが
ここでは一般的と思われる書類を例に挙げて解説しました。

家事審判申立書「遺言書の検認」の書き方

受付印	家事審判申立書　事件名（ 遺言書の検認 ）
	（この欄に申立手数料として1件について800円分の収入印紙を貼ってください。）  （貼った印紙に押印しないでください。） （注意）登記手数料としての収入印紙を納付する場合は，登記手数料としての収入印紙は貼らずにそのまま提出してください。
円	
円	
予納収入印紙　円	

口頭		関連事件番号　平成　　年（家　　）第　　　号

東京 家庭裁判所 御中 平成 28年 11月 11日	申立人 （又は法定代理人など） の記名押印	大泉　夏美　（大泉 印）

添付書類	（審理のために必要な場合は，追加書類の提出をお願いすることがあります。） 申立人の戸籍謄本１通、相手方の戸籍謄本１通

申立人	本籍 （国籍）	（戸籍の添付が必要とされていない申立ての場合は，記入する必要はありません。） 東京 ㊌都 道 府 県 新宿区矢来町6丁目1010	
	住所	〒 162 － 0805　電話 03 （××××）×××× 東京都新宿区矢来町6丁目1010 （　　　方）	
	連絡先	〒　－　電話（　　） （　　　方）	
	フリガナ 氏名	大泉《オオイズミ》　夏美《ナツミ》	大正 (昭和) 平成 45年 8月 8日生 （46歳）
	職業		
※ 遺言者	本籍 （国籍）	（戸籍の添付が必要とされていない申立ての場合は，記入する必要はありません。） 都 道 府 県 申立人の本籍と同じ	
	住所	〒　－　電話（　　） 申立人の住所と同じ （　　　方）	
	連絡先	〒　－　電話（　　） （　　　方）	
	フリガナ 氏名	大泉《オオイズミ》　春夫《ハルオ》	大正 (昭和) 平成 42年 4月 5日生 （49歳）
	職業	会社員	

（注）　太枠の中だけ記入してください。
※の部分は，申立人，法定代理人，成年被後見人となるべき者，不在者，共同相続人，被相続人等の区別を記入してください。

別表第一（1/ ）

＜1枚目＞

事件名

申し立ての内容「遺言書の検認」と記入します。

収入印紙

800円分の収入印紙を貼ります。

添付書類

一緒に提出する書類名と数を記入します。

連絡先

住所と異なる場合は、記入します。

遺言者

「遺言者」と記入し、故人について記入します。

申立人

遺言書の保管者か発見人が申立人になるため、相続人でない場合もあります。

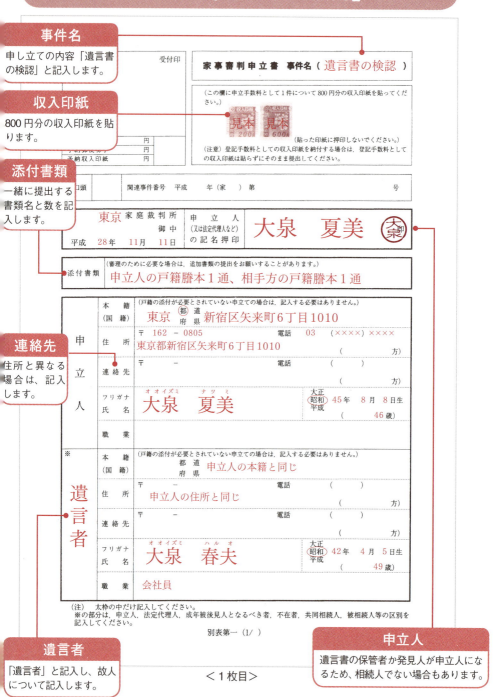

申　立　て　の　趣　旨
遺言者の自筆証書による遺言書の検認を求めます。

申し立ての趣旨

自筆証書遺言、または秘密証書遺言のどちらなのかを述べた上で、検認を求めることを記入します。

申　立　て　の　理　由
1　申立人は、遺言者から平成28年9月27日に遺言書を預かり、申立人の自宅の金庫に保管していました。
2　遺言者は平成28年10月31日に死亡したので、遺言書（封印されている）の検認を求めます。

申し立ての理由

遺言書を預かった日付、保管方法などを明記した上で、検認を求めます。

別表第一（ / ）

＜2枚目＞

相続放棄申述書の書き方

受付印	相　続　放　棄　申　述　書
	（この欄に収入印紙 800 円分を貼ってください。）  （貼った印紙に押印しないでください。）
円	
予納郵便切手　円	

収入印紙

800 円分の収入印紙を貼ります。

準口頭		関連事件番号　平成　　年（家　　）第　　　　号

東京 家庭裁判所 御中 平成 28年 11月 11日	申述人 （未成年者などの場合は法定代理人） の記名押印	大泉　夏美　（印）

添付書類	（同じ書類は1通で足ります。審理のために必要な場合は，追加書類の提出をお願いすることがあります。） ☑ 戸籍（除籍・改製原戸籍）謄本（全部事項証明書）　合計 2 通 ☑ 被相続人の住民票除票又は戸籍附票 ☐

申述人	本籍（国籍）	東京 都（道府県） 新宿区矢来町6丁目1010
	住所	〒 162 － 0805　電話 03 （ ×××× ）×××× 東京都新宿区矢来町6丁目1010　（　　　方）
	フリガナ 氏名	大泉《オオイズミ》　夏美《ナツミ》　大正・（昭和）・平成 45年 8月 8日生（46歳）　職業
	被相続人との関係	※ 被相続人の……　1 子　2 孫　（3） 配偶者　4 直系尊属（父母・祖父母）　5 兄弟姉妹　6 おいめい　7 その他（　　）
法定代理人等	※ 1 親権者 2 後見人 3	住所　〒　－　電話（　　）　（　　方） フリガナ 氏名　　フリガナ 氏名
被相続人	本籍（国籍）	東京 都（道府県） 新宿区矢来町6丁目1010
	最後の住所	東京都新宿区矢来町6丁目1010　死亡当時の職業　自営業
	フリガナ 氏名	大泉《オオイズミ》　春夫《ハルオ》　平成 28年 10月 31日死亡

（注）　太枠の中だけ記入してください。　※の部分は，当てはまる番号を○で囲み，被相続人との関係欄の7，法定代理人等欄の3を選んだ場合には，具体的に記入してください。

相続放棄（1/2）

被相続人との関係

該当するものに○をつけます。

＜1枚目＞

被相続人

故人の情報を書き入れます。

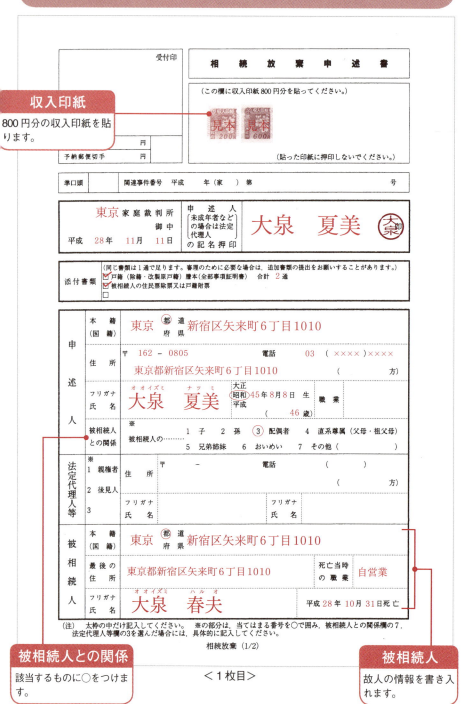

申　述　の　趣　旨
相続の放棄をする。

申　述　の　理　由		
※　相続の開始を知った日…………平成　28年　10月　31日 (1)　被相続人死亡の当日　　3　先順位者の相続放棄を知った日 2　死亡の通知をうけた日　　4　その他（　　　）		
放棄の理由	相続財産の概略	
※ 1　被相続人から生前に贈与を受けている 2　生活が安定している。 3　遺産が少ない。 4　遺産を分散させたくない。 (5)　債務超過のため。 6　その他〔　　　〕	資産	農　地……約＿＿平方メートル　現金 預貯金………約　230　万円 山　林……約＿＿平方メートル　有価証券……約　100　万円 宅　地……約＿＿平方メートル 建　物……約＿＿平方メートル
	負　債……………………………約　1200　万円	

（注）　太枠の中だけ記入してください。　※の部分は，当てはまる番号を○で囲み，申述の理由欄の4，放棄の理由欄の6を選んだ場合には，（　　）内に具体的に記入してください。

相続放棄（2/2）

＜2枚目＞

申述の理由

相続の開始を知った日、相続放棄の理由を、当てはまるものに○をつけます。

相続財産の概略

故人の資産と負債の金額を書き込みます。

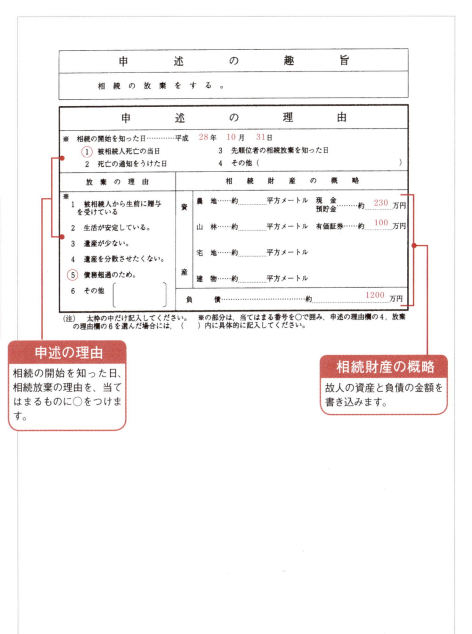

遺産分割協議書の書き方

遺産分割協議書

被相続人大泉春夫（平成28年10月31日死亡）の遺産については相続人の大泉夏美、大泉秋久、大泉冬子、大泉一夫で分割協議を行った結果、次の通りに分割することに同意しました。

1，相続人　大泉夏美は、次の財産を相続する
　宅地　東京都新宿区矢来町6丁目1010　50㎡
　家屋　同所同番地所在
　　鉄骨造陸屋根2階建・床面積1階40㎡、2階35㎡

2，相続人　大泉秋久は、次の財産を相続する
　預金　いろは銀行北支店の普通預金
　　口座番号9988776　250万円
　有価証券　ＡＢＣ株式会社の株式　1,500株

3，相続人　大泉冬子は、次の財産を相続する
　預金　いろは銀行北支店の普通預金
　　口座番号9988776　250万円
　有価証券　ＡＢＣ株式会社の株式　1,500株

4，相続人　大泉一夫は、次の財産を相続する
　宅地　埼玉県さいたま市さいたま区大川90-9　100㎡
　家屋　同所同番地所在　家屋番号103番
　　鉄骨造陸屋根2階建・床面積100㎡

以上のように相続人全員による遺産分割協議が成立したので、これを証明するため本書を3枚作成し署名押印のうえ、各自1通ずつ所持します。　平成28年12月12日

東京都新宿区矢来町6丁目1010
相続人　大泉　夏美　㊞

東京都新宿区矢来町6丁目1010
大泉秋久の特別代理人　山田　次郎　㊞

東京都新宿区矢来町6丁目1010
大泉冬美の特別代理人　山田　次郎　㊞

埼玉県さいたま市さいたま区大川90-9-103
相続人　大泉　一夫　㊞

書式は自由です

「遺産分割協議書」には決まった書式がありません。パソコンや手書きで作成します。縦書き、横書きどちらでも問題ありません。

相続人の署名と押印

相続人全員と、相続人に未成年がいたらその特別代理人の、署名と押印が必要です。

相続人とその内容

相続人全員が、それぞれ相続した財産を記入します。

遺産分割調停申立書の書き方

この申立書の写しは，法律の定めるところにより，申立ての内容を知らせるため，相手方に送付されます。

受付印	遺産分割 ☑ 調停 □ 審判 申立書
	（この欄に申立て１件あたり収入印紙１，２００円分を貼ってください。）

収入印紙　円	
予納郵便切手　円	（貼った印紙に押印しないでください。）

東京 家庭裁判所 御中	申立人（又は法定代理人など）の記名押印	大泉　夏美（印）
平成 28 年 11 月 11 日		

添付書類	（審理のために必要な場合は，追加書類の提出をお願いすることがあります。） ☑ 戸籍（除籍・改製原戸籍）謄本(全部事項証明書) 合計 1 通 □ 住民票又は戸籍附票 合計 通　□ 不動産登記事項証明書 合計 通 ☑ 固定資産評価証明書 合計 2 通　☑ 預貯金通帳写し又は残高証明書 合計 3 通 □ 有価証券写し 合計 通　□	準口頭

当事者		別紙当事者目録記載のとおり
被相続人	本籍（国籍）	東京 ㊞都 道 府 県 新宿区矢来町６丁目1010
	最後の住所	東京 ㊞都 道 府 県 新宿区矢来町６丁目1010
	フリガナ 氏名	大泉《オオイズミ》　春夫《ハルオ》　平成 28 年 10 月 31 日死亡

申立ての趣旨
被相続人の遺産の分割の（ ☑ 調停 ／ □ 審判 ）を求める。

申立ての理由			
遺産の種類及び内容	別紙遺産目録記載のとおり		
被相続人の債務	□ 有	☑ 無	□ 不明
☆ 特別受益	□ 有	☑ 無	□ 不明
遺言	□ 有	☑ 無	□ 不明
遺産分割協議書	□ 有	☑ 無	□ 不明
申立ての動機	☑ 分割の方法が決まらない。 □ 相続人の資格に争いがある。 □ 遺産の範囲に争いがある。 □ その他（　　　　）		

（注）太枠の中だけ記入してください。
□の部分は該当するものにチェックしてください。
☆の部分は，被相続人から生前に贈与を受けている等特別な利益を受けている者の有無を選択してください。「有」を選択した場合には，遺産目録のほかに，特別受益目録を作成の上，別紙として添付してください。

遺産（1/ ）

(942100)

提出する裁判所

申立書を提出する裁判所の名前と、書類の作成日を書き込みます。

調停申立書

「調停」にチェックを入れます。

被相続人

財産を残した故人の情報を書き込みます。

申し立ての動機

当てはまるものにチェックを入れます。

遺産分割調停申立書の書き方
当事者目録・遺産目録

この申立書の写しは，法律の定めるところにより，申立ての内容を知らせるため，相手方に送付されます。

当　事　者　目　録

☑申立人 □相手方	本籍（国籍）	東京　㊞都 道 府 県　新宿区矢来町6丁目1010
	住所	〒162－0805 東京都新宿区矢来町6丁目1010（　方）
	フリガナ 氏名	大泉《オオイズミ》　夏美《ナツミ》　大正・(昭和)・平成 45年8月8日生（46歳）
	被相続人との続柄	妻
□申立人 ☑相手方	本籍（国籍）	埼玉　都 道 府 (県)　さいたま市さいたま区大川90-9-103
	住所	〒330－9090 埼玉県さいたま市さいたま区大川90-9-103（　方）
	フリガナ 氏名	大泉《オオイズミ》　一夫《カズオ》　大正・(昭和)・平成 15年3月5日生（76歳）
	被相続人との続柄	父親
□申立人 ☑相手方	本籍（国籍）	東京　(都) 道 府 県　新宿区矢来町6丁目1010
	住所	〒162－0805 東京都新宿区矢来町6丁目1010（　方）
	フリガナ 氏名	大泉《オオイズミ》　秋久《アキヒサ》　大正・昭和・(平成) 12年10月1日生（16歳）
	被相続人との続柄	長男
□申立人 ☑相手方	本籍（国籍）	東京　(都) 道 府 県　新宿区矢来町6丁目1010
	住所	〒162－0805 東京都新宿区矢来町6丁目1010（　方）
	フリガナ 氏名	大泉《オオイズミ》　冬子《フユコ》　大正・昭和・(平成) 17年1月10日生（11歳）
	被相続人との続柄	長女
□申立人 □相手方	本籍（国籍）	都 道 府 県
	住所	〒　－　（　方）

関係者

申立人と相手方（申立人以外の共同相続人全員）の区別を明らかにして、全員の連絡先などを明記します。

＜１枚目＞

遺　産　目　録（□特別受益目録）

【土　地】

番号	所　在	地　番（番）		地目	地　積（平方メートル）		備　考
1	東京都新宿区矢来町6丁目	1010		宅地	50	00	建物1の敷地
2	埼玉県さいたま市さいたま区大川	90	9	宅地	100	00	建物2の敷地

遺産目録

土地、建物、現金・預貯金・株式などに書類が分かれています。

＜２枚目＞

遺産の詳細

遺産の全部を記入します。不動産は、登記簿謄本の記載の通りに記入。未登記の場合は、固定資産評価証明書の記載を参考に書きます。

備考

関係者で居住者がいたら、備考の欄に記入します。

遺　産　目　録（□特別受益目録）

【建　物】

番号	所　在	家屋番号	種　類	構　造	床面積（平方メートル）	備　考
1	東京都新宿区矢来町6丁目		居宅	鉄骨造 陸屋根 2階建	1階40 00 2階35 00	大泉夏美が居住
2.	埼玉県さいたま市さいたま区大川	103	居宅	鉄骨造 陸屋根 2階建	100 00	貸アパート（大泉一夫が居住）

＜3枚目＞

遺　産　目　録（□特別受益目録）

【現金，預・貯金，株式等】

番号	品　目	単　位	数　量（金　額）	備　考
1	いろは銀行 北支店 普通預金		5,000,000円	大泉夏美が保管
2	ＡＢＣ株式会社 株式	50円	3,000株	大泉夏美が保管

＜4枚目＞

遺産の詳細

現金や預貯金などは、保管者を明記します。

相続税の申告書の書き方

申告書の記入順

相続税の申告書は第 1 表から第 15 表まであり、該当する表だけを選んで記入します。

❶ 相続税のかかる財産について、第 9 表から第 11 表を作成します。
❷ 債務や葬式費用などについて第 13 表を、生前贈与や寄付などについて第 14 表を作成します。
❸ 第 11 ～ 14 表をもとに、第 15 表を作成します。
❹ 課税価格の合計と相続税の総額を計算するため、第 1 表、第 2 表を作成します。
❺ 税額控除の額を計算するため、第 4 ～ 8 表を作成します。
第 1 表に税額控除額を転記し、それぞれの納付すべき相続税額を算定します。

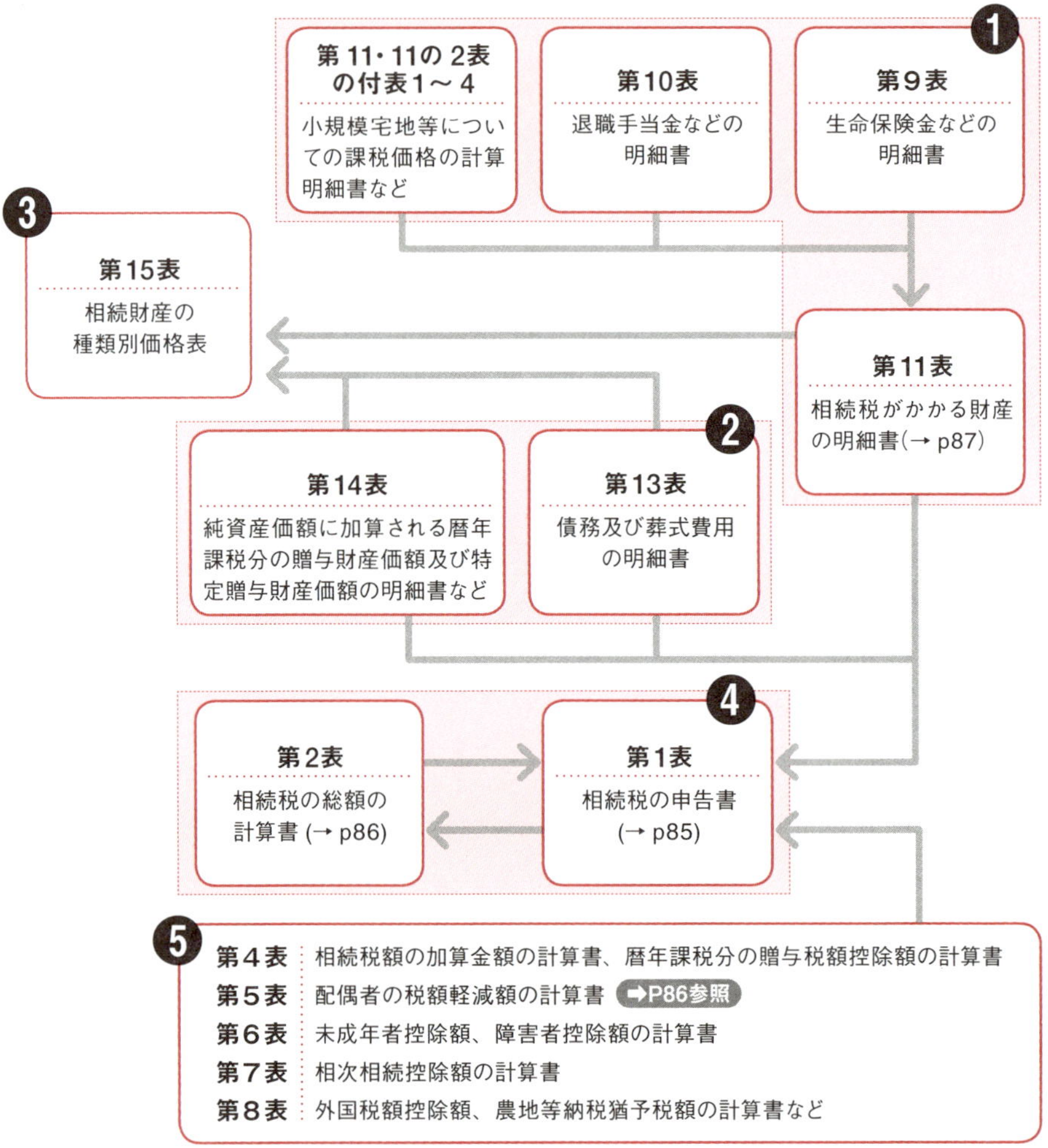

第1表（相続税の申告書）の書き方

取得財産の価額など
カッコ書きに従って、第11表③などから転記します。

相続開始日
相続開始日は、基本的に故人が死亡した日となります。

年齢
相続開始の日における年齢を書きます。

基礎控除と相続税の総額
第2表②と⑧から転記します。

各人の合計
この縦列は、財産を取得した人全員分の合計金額を書きます。

財産を取得した人
この縦列は、財産を取得した人、1人につき1列。2人目からは、「第1表(続)」に同様に記入します。

あん分割合
相続税の相続割合です。各人の相続額を相続総額で割った数値。

相続税の申告書

四谷 税務署長
28年12月12日 提出

相続開始年月日 平成28年10月31日　※申告期限延長日　年　月　日

FD3555

○フリガナは、必ず記入してください。

	各人の合計	財産を取得した人
フリガナ	（被相続人）オオイズミ　ハルオ	オオイズミ　ナツミ
氏名	大泉　春夫	大泉　夏美　㊞
個人番号又は法人番号	012345678910	001122334455 6
生年月日	昭和42年4月5日（年齢49歳）	昭和45年8月8日（年齢46歳）
住所（電話番号）	東京都新宿区矢来町6丁目1010	〒162-0805 東京都新宿区矢来町6丁目1010（03-××××-××××）
被相続人との続柄／職業	会社員	妻
取得原因	該当する取得原因を○で囲みます。	（相続）・遺贈・相続時精算課税に係る贈与
※整理番号		
課税価格の計算 ① 取得財産の価額（第11表③）	111009919円	71676585円
② 相続時精算課税適用財産の価額（第11の2表1⑦）		
③ 債務及び葬式費用の金額（第13表3⑦）	6000000	6000000
④ 純資産価額（①+②-③）（赤字のときは0）	105009919	65676585
⑤ 純資産価額に加算される暦年課税分の贈与財産価額（第14表1④）		
⑥ 課税価格（④+⑤）（1,000円未満切捨て）	105008000 Ⓐ	65676000
各人の算出税額の計算 法定相続人の数／遺産に係る基礎控除額	3人　48000000円 Ⓑ	左の欄には、第2表の②欄の回の人数及び㋩の金額を記入します。
⑦ 相続税の総額	7051200	左の欄には、第2表の⑧欄の金額を記入します。
⑧ 一般の場合（⑩の場合を除く）あん分割合（各人の⑥/Ⓐ）	1.00	0.62544
⑨ 算出税額（⑦×各人の⑧）	7051200円	4410102円
⑩ 農地等納税猶予の適用を受ける場合 算出税額（第3表⑬）		
⑪ 相続税額の2割加算が行われる場合の加算金額（第4表1⑥）	円	円
各人の納付・還付税額の計算 税額控除 ⑫ 暦年課税分の贈与税額控除額（第4表の2㉗）		
⑬ 配偶者の税額軽減額（第5表㋑又は㋭）	4410088	4410088
⑭ 未成年者控除額（第6表1②、③又は⑥）	1300000	
⑮ 障害者控除額（第6表2②、③又は⑥）		
⑯ 相次相続控除額（第7表⑬又は⑱）		
⑰ 外国税額控除額（第8表1⑧）		
⑱ 計	5710088	4410088
⑲ 差引税額（⑨+⑪-⑱）又は（⑩+⑪-⑱）（赤字のときは0）	1341112	14
⑳ 相続時精算課税分の贈与税額控除額（第11の2表⑧）	00	00
㉑ 医療法人持分税額控除額（第8の4表2B）		
㉒ 小計（⑲-⑳-㉑）（黒字のときは100円未満切捨て）	1341000	0
㉓ 農地等納税猶予税額（第8表2⑦）	00	00
㉔ 株式等納税猶予税額（第8の2表2⑩）	00	00
㉕ 山林納税猶予税額（第8の3表2⑧）	00	00
㉖ 医療法人持分納税猶予税額（第8の4表2A）	00	00
㉗ 申告納税額（㉒-㉓-㉔-㉕-㉖）申告期限までに納付すべき税額	1341000	00
㉘ 還付される税額	△	△

※税務署整理欄　申告区分　年分　グループ番号　補完番号　名簿番号　申告年月日　検算印　管理補完　確認

作成税理士の事務所所在地・署名押印・電話番号　㊞　□税理士法第30条の書面提出有　□税理士法第33条の2の書面提出有

○この申告書は機械で読み取りますので、黒ボールペンで記入してください。また、申告書と添付資料を一緒にとじないでください。

※の項目は記入する必要がありません。

第1表（平成28年分以降用）

（注）㉒欄の金額が赤字となる場合は、㉒欄の左端に△を付してください。なお、この場合で、㉒欄の金額のうちに贈与税の外国税額控除額（第11の2表⑨）があるときの㉘欄の金額については、「相続税の申告のしかた」を参照してください。

※税務署整理欄　通信日付印　年月日　（確認者印）

（資4-20-1-1-A4統一）第1表（平28.7）

相続税の申告書(続)

FD3556

○フリガナは、必ず記入してください。

	財産を取得した人	財産を取得した人
※申告期限延長日	年　月　日	年　月　日
フリガナ	オオイズミ　アキヒサ	オオイズミ　フユコ
氏名	大泉　秋久　㊞	大泉　冬子　㊞
個人番号又は法人番号	003344332233 3	000111222333 3
生年月日	平成12年10月1日（年齢16歳）	平成17年1月20日（年齢11歳）
住所（電話番号）	〒162-0805 東京都新宿区矢来町6丁目1010（03-××××-××××）	〒162-0805 東京都新宿区矢来町6丁目1010（03-××××-××××）
被相続人との続柄／職業	子／学生	子／学生
取得原因	（相続）・遺贈・相続時精算課税に係る贈与	（相続）・遺贈・相続時精算課税に係る贈与
※整理番号		
課税価格の計算 ① 取得財産の価額（第11表③）	24166666円	15166668円
② 相続時精算課税適用財産の価額（第11の2表1⑦）		
③ 債務及び葬式費用の金額（第13表3⑦）		
④ 純資産価額（①+②-③）（赤字のときは0）	24166666	15166668
⑤ 純資産価額に加算される暦年課税分の贈与財産価額（第14表1④）		
⑥ 課税価格（④+⑤）（1,000円未満切捨て）	24166000	15166000
各人の算出税額の計算 法定相続人の数／遺産に係る基礎控除額		
⑦ 相続税の総額		
⑧ 一般の場合（⑩の場合を除く）あん分割合	0.23013	0.14443
⑨ 算出税額（⑦×各人の⑧）	1622693円	1018405円
⑩ 農地等納税猶予の適用を受ける場合 算出税額（第3表⑬）		
⑪ 相続税額の2割加算が行われる場合の加算金額（第4表1⑥）	円	円

○この申告書は機械で読み取りますので、黒ボールペンで記入してください。

第1表（続）（平成28年分以降用）

（注）㉒欄の金額が赤字となる場合は…外国税額控除額（第11の2表⑨

第2表（相続税の総額の計算書）第5表（配偶者の税額軽減額の計算書）の書き方

課税価格の合計額

第1表⑥Ａから転記します。

法定相続人の数

法定相続人の数を入れ、基礎控除額を計算します。

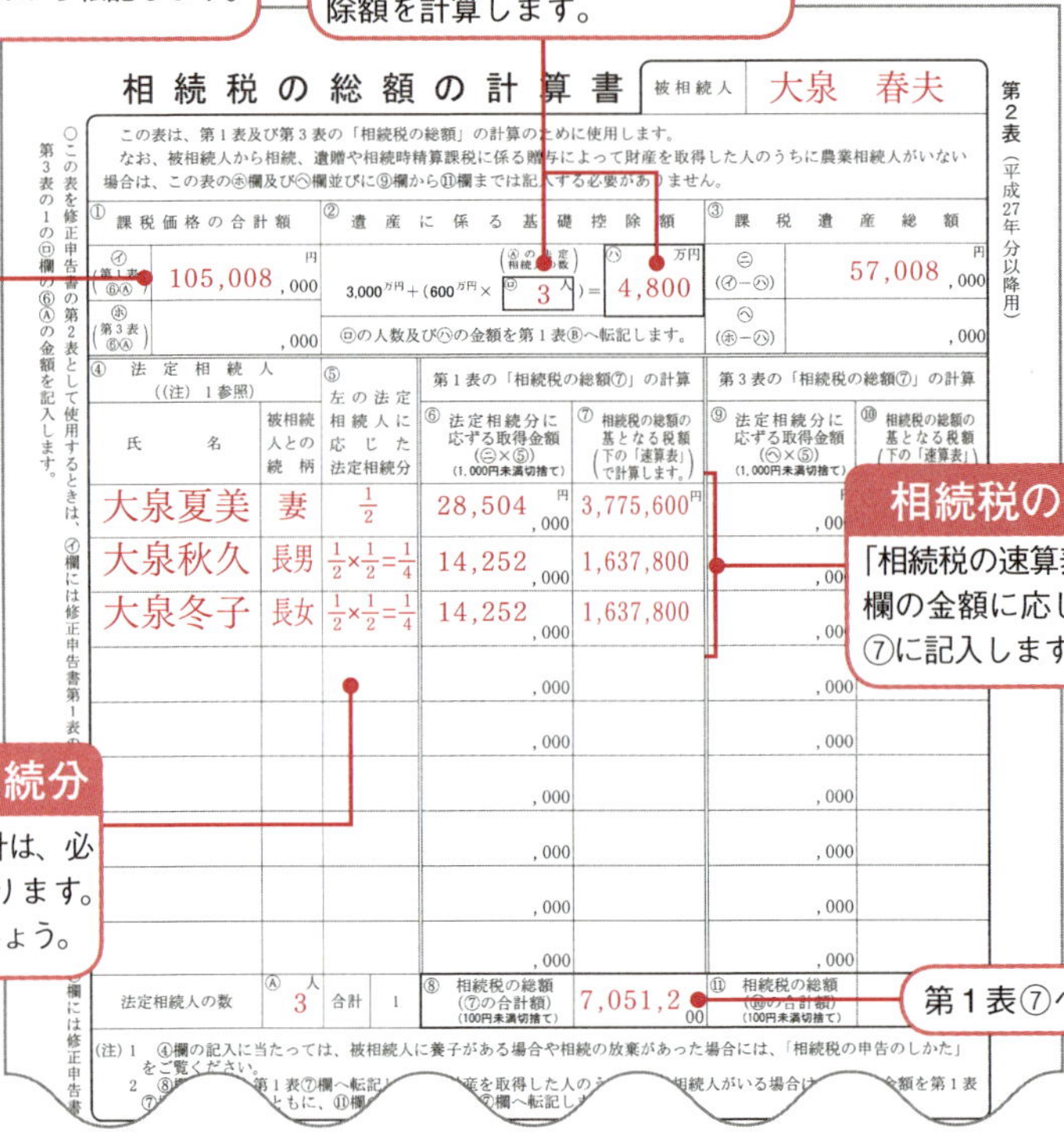

相続税の総額の計算書　被相続人　大泉　春夫

第2表（平成27年分以降用）

この表は、第1表及び第3表の「相続税の総額」の計算のために使用します。
なお、被相続人から相続、遺贈や相続時精算課税に係る贈与によって財産を取得した人のうちに農業相続人がいない場合は、この表の㋭欄及び㋬欄並びに⑨欄から⑪欄までは記入する必要がありません。

① 課税価格の合計額		② 遺産に係る基礎控除額	③ 課税遺産総額	
㋑（第1表⑥Ⓐ）	105,008,000円	3,000万円＋（600万円×㋺ 3人（Ⓐの法定相続人の数））＝㋩ 4,800万円	㊁（㋑－㋩）	57,008,000円
㋭（第3表⑥Ⓐ）	,000	㋺の人数及び㋩の金額を第1表Ⓑへ転記します。	㋬（㋭－㋩）	,000

④ 法定相続人（（注）1参照）氏名	被相続人との続柄	⑤ 左の法定相続人に応じた法定相続分	⑥ 法定相続分に応ずる取得金額（㊁×⑤）（1,000円未満切捨て）	⑦ 相続税の総額の基となる税額（下の「速算表」で計算します。）	⑨ 法定相続分に応ずる取得金額（㋬×⑤）（1,000円未満切捨て）	⑩ 相続税の総額の基となる税額（下の「速算表」…）
			第1表の「相続税の総額⑦」の計算		第3表の「相続税の総額⑦」の計算	
大泉夏美	妻	$\frac{1}{2}$	28,504,000円	3,775,600円	,000	
大泉秋久	長男	$\frac{1}{2}\times\frac{1}{2}=\frac{1}{4}$	14,252,000	1,637,800	,000	
大泉冬子	長女	$\frac{1}{2}\times\frac{1}{2}=\frac{1}{4}$	14,252,000	1,637,800	,000	
			,000		,000	
			,000		,000	
			,000		,000	
			,000		,000	
			,000		,000	
			,000		,000	
法定相続人の数	Ⓐ 3人	合計 1	⑧ 相続税の総額（⑦の合計額）（100円未満切捨て）	7,051,2 00	⑪ 相続税の総額（⑩の合計額）（100円未満切捨て）	

（注）1　④欄の記入に当たっては、被相続人に養子がある場合や相続の放棄があった場合には、「相続税の申告のしかた」をご覧ください。
2　⑧欄…第1表⑦欄へ転記…財産を取得した人の…相続人がいる場合は…金額を第1表…とともに、⑪欄…⑦欄へ転記し…

相続税の総額の計算

「相続税の速算表」をもとに、⑥欄の金額に応じた税額を出して⑦に記入します。

法定相続分

全員の合計は、必ず1になります。確認しましょう。

第1表⑦へ転記します。

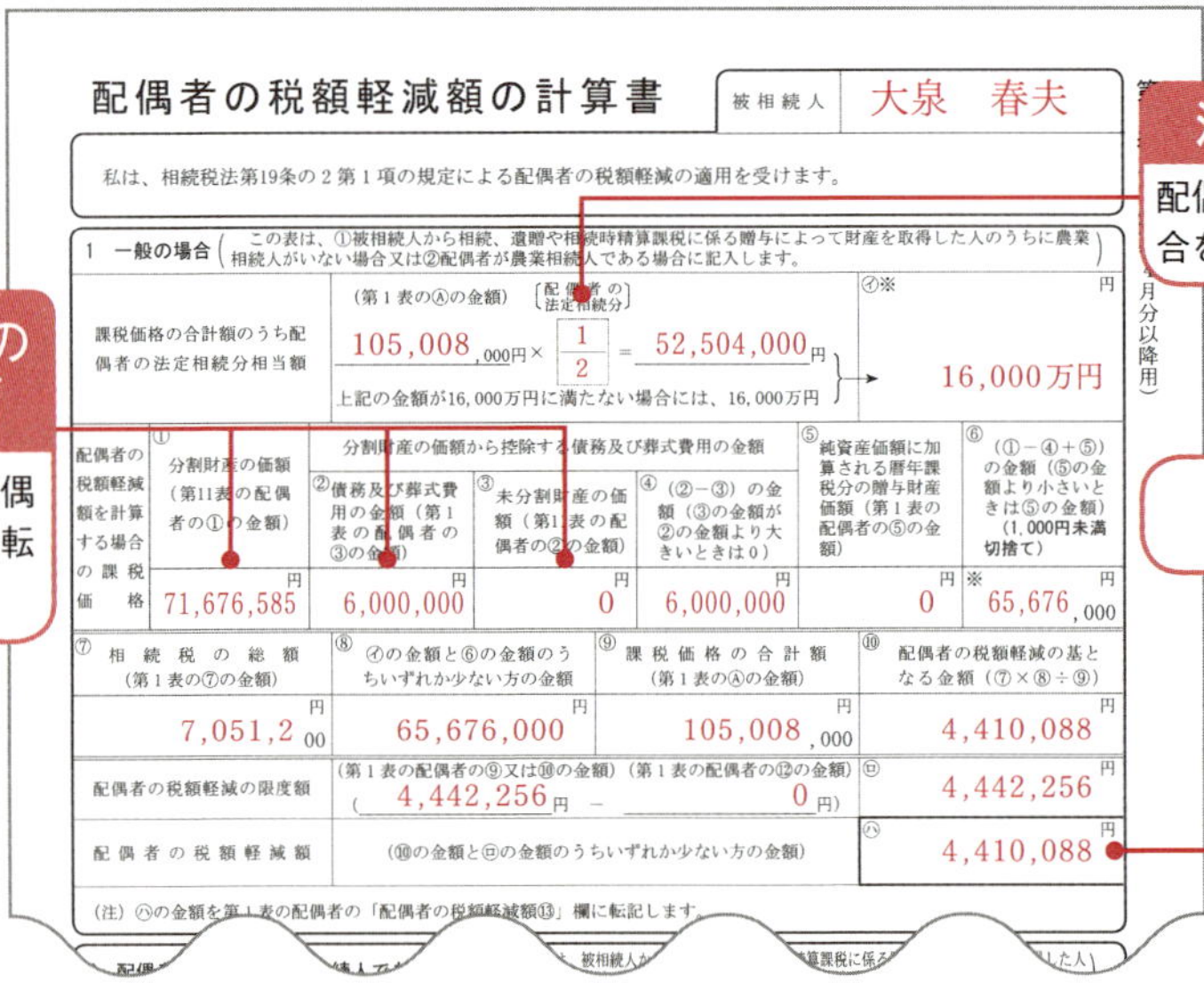

配偶者の税額軽減額の計算書　被相続人　大泉　春夫

（平成27年…月分以降用）

私は、相続税法第19条の2第1項の規定による配偶者の税額軽減の適用を受けます。

1　一般の場合（この表は、①被相続人から相続、遺贈や相続時精算課税に係る贈与によって財産を取得した人のうちに農業相続人がいない場合又は②配偶者が農業相続人である場合に記入します。）

課税価格の合計額のうち配偶者の法定相続分相当額	（第1表のⒶの金額）105,008,000円 ×〔配偶者の法定相続分〕$\frac{1}{2}$ ＝ 52,504,000円 上記の金額が16,000万円に満たない場合には、16,000万円	㋑※ 16,000万円

配偶者の税額軽減額を計算する場合の課税価格	① 分割財産の価額（第11表の配偶者の①の金額）	② 債務及び葬式費用の金額（第1表の配偶者の③の金額）	③ 未分割財産の価額（第11表の配偶者の②の金額）	④ （②－③）の金額（③の金額が②の金額より大きいときは0）	⑤ 純資産価額に加算される暦年課税分の贈与財産価額（第1表の配偶者の⑤の金額）	⑥ （①－④＋⑤）の金額（⑤の金額より小さいときは⑤の金額）（1,000円未満切捨て）
		分割財産の価額から控除する債務及び葬式費用の金額				
	71,676,585円	6,000,000円	0円	6,000,000円	0円	※ 65,676,000円

⑦ 相続税の総額（第1表の⑦の金額）	⑧ ㋑の金額と⑥の金額のうちいずれか少ない方の金額	⑨ 課税価格の合計額（第1表のⒶの金額）	⑩ 配偶者の税額軽減の基となる金額（⑦×⑧÷⑨）
7,051,2 00円	65,676,000円	105,008,000円	4,410,088円

配偶者の税額軽減の限度額	（第1表の配偶者の⑨又は⑩の金額）（第1表の配偶者の⑫の金額）（4,442,256円 － 0円）	㋺ 4,442,256円
配偶者の税額軽減額	（⑩の金額と㋺の金額のうちいずれか少ない方の金額）	㋩ 4,410,088円

（注）㋩の金額を第1表の配偶者の「配偶者の税額軽減額⑬」欄に転記します。

法定相続分

配偶者の法定相続割合を記入します。

分割財産の価額など

第11表の配偶者の①～③を転記します。

第1表の⑬へ転記します。

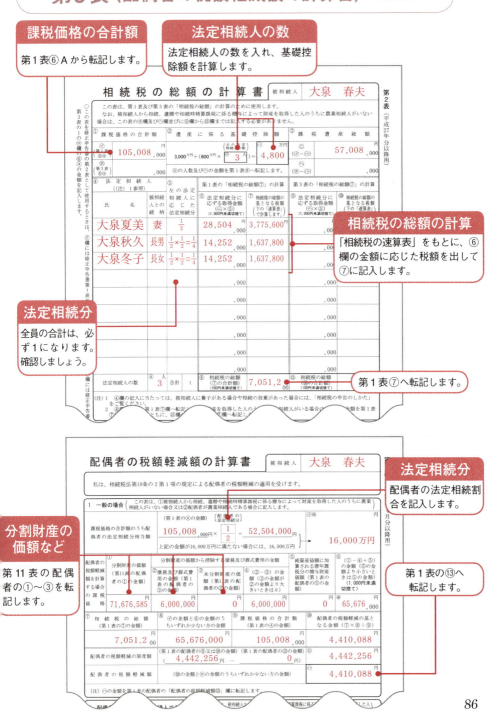

第11表（相続税がかかる財産の明細書）の書き方

遺産の分割状況

分割がすべて終わっていれば「全部分割」、残っていたら「一部分割」に○をつけ、日付を記入します。

相続税がかかる財産の明細書
（相続時精算課税適用財産を除きます。）

第11表（平成21年4月分以降用）

被相続人	大泉　春夫

この表は、相続や遺贈によって取得した財産及び相続や遺贈によって取得したものとみなされる財産のうち、相続税のかかるものについての明細を記入します。

遺産の分割状況	区分	①全部分割	2 一部分割	3 全部未分割
	分割の日	28・12・12	・　・	

財産の明細							分割が確定した財産	
種類	細目	利用区分、銘柄等	所在場所等	数量 / 固定資産税評価額	単価 / 倍数	価額	取得した人の氏名	取得財産の価額
土地	宅地	自用地	新宿区矢来町6丁目1010	240㎡	円	35,000,000円	大泉夏美	35,000,000円
((計))						((35,000,000))		
家屋	家屋	自用家屋	新宿区矢来町6丁目1010	100		15,000,000	大泉秋久	15,000,000
						((15,000,000))		
事業用財産	未収入金	所得還付金	四谷税務署			9,919	大泉夏美	9,919
((計))						((9,919))		
有価証券	○○航空㈱	ABC証券		4.000株	750	3,000,000	大泉冬子	3,000,000
((計))						((3,000,000))		
現金、預貯金	預金	いろは銀行				8,000,000	大泉秋久	2,500,000
							大泉冬子	5,500,000
現金、預貯金	預金	にほへ銀行				20,000,000	大泉夏美	(持分1/3) 6,666,666
							大泉秋久	(持分1/3) 6,666,666
							大泉冬子	(持分1/3) 6,666,666
((計))						((28,000,000))		
その他の財産	生命保険等					30,000,000	大泉夏美	30,000,000
((計))						((30,000,000))		
[合計]						[111,009,919]		

合計表		（各人の合計）	大泉夏美	大泉秋久	大泉冬子		
財産を取得した人の氏名		（各人の合計）	大泉夏美	大泉秋久	大泉冬子		
分割財産の価額	①	111,009,119円	71,676,585円	24,166,666円	15,166,668円	円	円
未分割財産の価額	②						
各人の取得財産の価額（①＋②）	③	111,009,119	71,676,585	24,166,666	15,166,668		

（注）1 「合計表」の各人の③欄の金額を第1表のその人の「取得財産の価額①」欄に転記します。
2 「財産の明細」の「価額」欄は、財産の細目、種類ごとに小計及び計を付し、最後に合計を付して、それらの金額を第15表の①から㉘までの該当欄に転記します。

第11表（平28.7）　　（資4－20－12－1－A4統一）

○相続時精算課税適用財産の明細については、この表によらず第11の2表に記載します。

価額

第9表、第10表などで計算した課税価額を記入します。

種類、細目など

「記載要領」が別にあり、それにそって記すようにしましょう。

取得財産の価額

第1表の①の各人の欄に転記します。

Column

お墓と埋葬の方法

守るべき家墓があれば、迷いも少ないものですが、さまざまな事情や考え方から、お墓にまつわる環境は、大きく変わってきています。

承継者でない場合はお墓を用意する

一般的に、家の跡継ぎである長男とその家族は、先祖代々の「家墓《いえはか》」に入り、その墓を受け継いでいきます。

夫が次男など家墓の承継者でない場合は、お墓をつくる必要があります。そのお墓が、新たな家墓となります。自分の思い通りにつくりたい、子どもに負担をかけたくないなど、生前に墓を用意するケースも多いようです。また、お墓には相続税がかからないため、生前に購入すれば節税にもなるでしょう。

新しいお墓、埋葬法を選ぶこともできる

しかし現代は、少子化などで、代々の墓を受け継ぐことが難しいケースが増えています。夫婦ともに一人っ子である、夫婦で家墓に入っても子どもがいない、子どもは他家に嫁いだ娘しかいない、子どもが結婚しないと言っているなどのケースや、家墓が遠方で、守るのが難しいというケースもあります。

そんなさまざまな事情に合わせて、お墓のあり方も多様化しています。近年、増えているのは「納骨堂」や「永代供養墓」。また、「散骨」や「樹木葬」など、遺骨を自然に返す「自然葬」を選ぶ人も増えています。

遠方のお墓を移す改葬という方法もある

遠方のお墓を近くの霊園や永代供養墓などに移動させたり、夫婦両家の墓を一つにする「両家墓」をつくる、という選択肢もあります。一度埋葬した遺骨やお墓を別のお墓や納骨堂に移すことを「改葬」といいます。

改葬には、墓埋法に定められた手続きや菩提寺との関係などもあり、手間も費用もかかります。しかし、ゆくゆくのことを考えて、改葬を行う人は増えているようです。

お墓のいろいろ

両家墓《りょうけばか》

夫婦がともに墓の承継者だった場合、どちらかの墓が無縁墓になってしまう可能性があります。そこで、両家の墓を1つにするのが両家墓です。宗派が違うと、どちらかが改宗する必要があります。新たな霊園などに墓を購入し、両家の墓を移すこともできます。墓石には両家の家名、または「愛」「想」など好きな文字を刻みます。

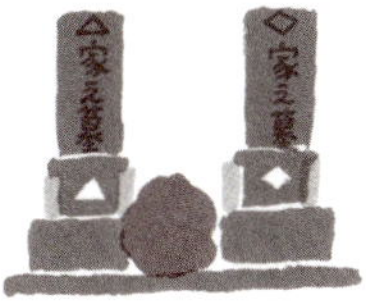

家墓《いえはか》

寺院墓地や公営墓地、民営墓地に建てる、一般的なお墓。代々守っていくことが前提になっていて、永代使用権があります。承継者は管理費を支払い、寺院墓地なら菩提寺とさまざまなつき合いを続けていきます。承継者がいなくなると無縁墓となってしまい、管理費が支払われなくなることが何年も続くと、合葬されます。

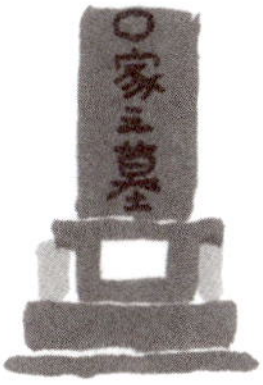

永代供養墓《えいたいくようばか》

寺院や自治体、民間管理会社などが長期間にわたって管理や供養をしてくれるシステム。形態はさまざまで、主に最初から合祀《ごうし》（骨壺から遺骨を出して一カ所に埋葬）するタイプ、一定期間（7回忌、50回忌などさまざま）は骨壺のまま安置し、その後合祀するタイプ、個別に普通の墓石を建て、一定期間が過ぎたら合祀するタイプがあります。

納骨堂《のうこつどう》

墓地が不足している都市部などで多くなっています。便利な場所にあることが多く、お参りがしやすいのが特徴。仏壇式や、棚式、ロッカー式などがあります。最終的には永代供養墓と同様に、合祀《ごうし》するシステムのところもあります。

自然葬のいろいろ

樹木葬《じゅもくそう》

遺骨を土の中に埋め、その場所に墓石の代わりに木を植える方法です。人工的なお墓ではなく、自然の中で眠りたいという自然志向の人々から支持されています。

しかし、好きな場所に埋葬することはできません。樹木葬専用の霊園や、樹木葬の区画をもつ霊園があり、1人ずつ埋葬するタイプと、合祀するタイプがあります。

散骨《さんこつ》

海や川、山林など、墓地以外の場所に、遺骨をまく方法。骨の形のままではなく、業者などに依頼して、遺骨の一部を細かくくだいてまくのが一般的です。日本には自然葬について定めた法律はないので、節度を守って行えば、とくに問題はありません。とはいえ、どこにまいてもよいというわけではないので、業者などに相談して行いましょう。

遺骨の一部を残す

手元供養

遺骨や遺灰を手元に置いて、いつも一緒にいたい、供養したい、という遺族の思いをかなえるのが、手元供養です。近年では、専用の小さな骨壺やオブジェタイプの骨壺、身に着けられるペンダントなどのアクセサリータイプもあります。

遺骨の一部を手元に残すのに許可をとる必要はありませんが、のちのち埋葬する可能性がある場合は、火葬の際に申し出て、「分骨証明書」をもらっておくと安心です。

3章

これからの生活に関すること

お金
のこと
01

今後のお金について考える

一家の大黒柱を失った後、経済的にどう家族を支えていくか計画を立てましょう。

今後の収入、支出、資産の状況を把握する

夫の収入で生計を立てていた家庭は、今後、経済面での生活設計の見直しが必要になります。

まずは、預金などの資産がどれくらいあるか、今後どのような収入が見込まれるかをリストアップしましょう。また、生活費や住居費、教育費など、どのような支出がどれくらいあるかも、書き出していきましょう。子どもがいる家庭などは、年表をつくりライフイベントにかかる大きな出費を把握しておくことも大切です。

今後の収入・資産

- □ 遺族年金 ➡P.94参照
- □ 自分の老齢年金 ➡P.102参照
- □ 夫が会社員だった場合は死亡退職金、弔慰金
- □ 自分が働いている場合はその収入
- □ 夫からの相続財産
- □ 生命保険金 ➡P.22参照
- □ 自分の預貯金など

今後の支出

- □ 生活費
  （夫が亡くなると生活費は今までの7割程度。
  子どもが独立すれば5割程度が目安）
- □ 住居費
  （賃貸の場合は賃貸料。住宅を購入していた場合は、
  ローンの支払いがなくなる ➡P.112参照。
  ただし住宅修理代、固定資産税などは必要）
- □ 教育費 ➡P.124参照
- □ 老後資金
- □ 子どもの結婚資金や、住宅の修繕費、車のローンなど

今後の生活を支える年金のしくみを知ろう

将来に渡っての収入を考えるとき、忘れてはいけないのが年金の制度です。年金は、通常65歳以上に支給されるものですが、夫を失った妻や子を経済的に支えるしくみも兼ね備えています。

下記の図にもあるように、公的年金は3階層に分かれています。日本に住む20歳から60歳未満の人は、全員が1階部分の国民年金への加入が義務付けられています。2階、3階部分については職業などにより加入状況が異なります。夫が亡くなったときは、妻の年齢や子どもの有無により、各年金制度から「遺族年金」が支給されます。自分が給付対象になるかどうか要件を確認しましょう。(➡P32)

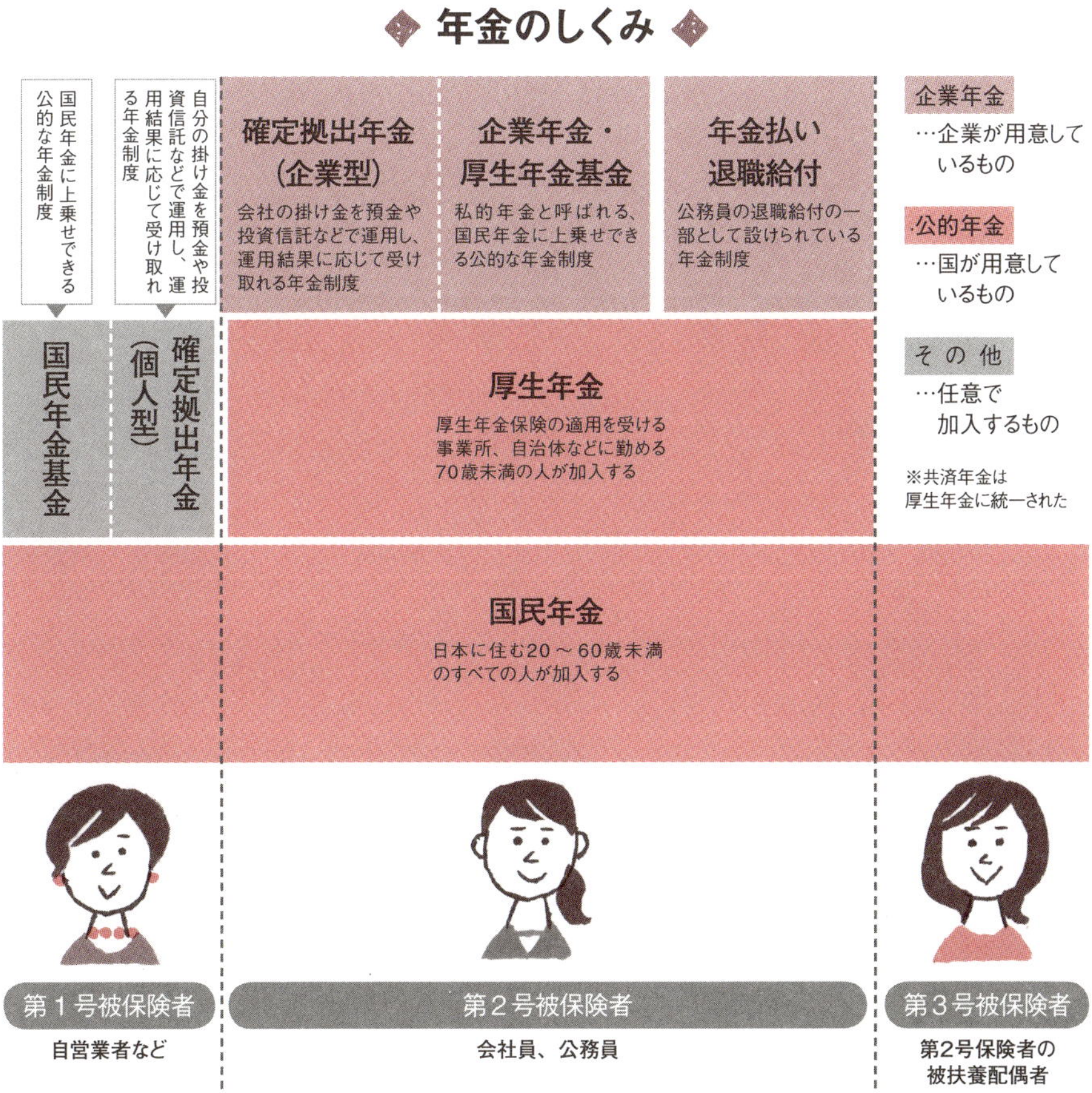
年金のしくみ
国民年金に上乗せできる公的な年金制度
自分の掛け金を預金や投資信託などで運用し、運用結果に応じて受け取れる年金制度
確定拠出年金(企業型)
会社の掛け金を預金や投資信託などで運用し、運用結果に応じて受け取れる年金制度
企業年金・厚生年金基金
私的年金と呼ばれる、国民年金に上乗せできる公的な年金制度
年金払い退職給付
公務員の退職給付の一部として設けられている年金制度
国民年金基金
確定拠出年金(個人型)
厚生年金
厚生年金保険の適用を受ける事業所、自治体などに勤める70歳未満の人が加入する
国民年金
日本に住む20～60歳未満のすべての人が加入する
企業年金 …企業が用意しているもの
公的年金 …国が用意しているもの
その他 …任意で加入するもの
※共済年金は厚生年金に統一された
第1号被保険者
自営業者など
第2号被保険者
会社員、公務員
第3号被保険者
第2号保険者の被扶養配偶者

お金のこと
02

遺族年金って何？

公的年金に加入していた人が亡くなると、条件により遺族年金が支給されます。

遺族がもらえる年金とは

遺族年金とは、公的年金加入者が亡くなったとき、その配偶者や子に支給される年金のことです。故人が国民年金加入者であれば「遺族基礎年金」。故人が厚生年金加入者であれば、「遺族基礎年金」と「遺族厚生年金」を受け取ることができます。

また、要件により「寡婦年金」または「中高齢寡婦加算」が上乗せされます。各種遺族年金の支給要件を満たさない遺族は「死亡一時金」をもらえることもあります。

どんな人でも遺族年金をもらえるの？

遺族年金はそれぞれ支給要件があります。「遺族基礎年金」は、18歳未満の子を持つ配偶者、または子で、子どもがいなければ支給されません。

しかし、故人が厚生年金加入者の場合は、要件はなく故人に※生計を維持されていた家族（配偶者、子、孫、故人の両親）なら、「遺族厚生年金」が受け取れます。そのほかの年金や一時金についても支給要件をよく確認しましょう。

※「故人に生計を維持されていた」と「故人に扶養されていた」は、同じ意味です。

遺族年金チャート

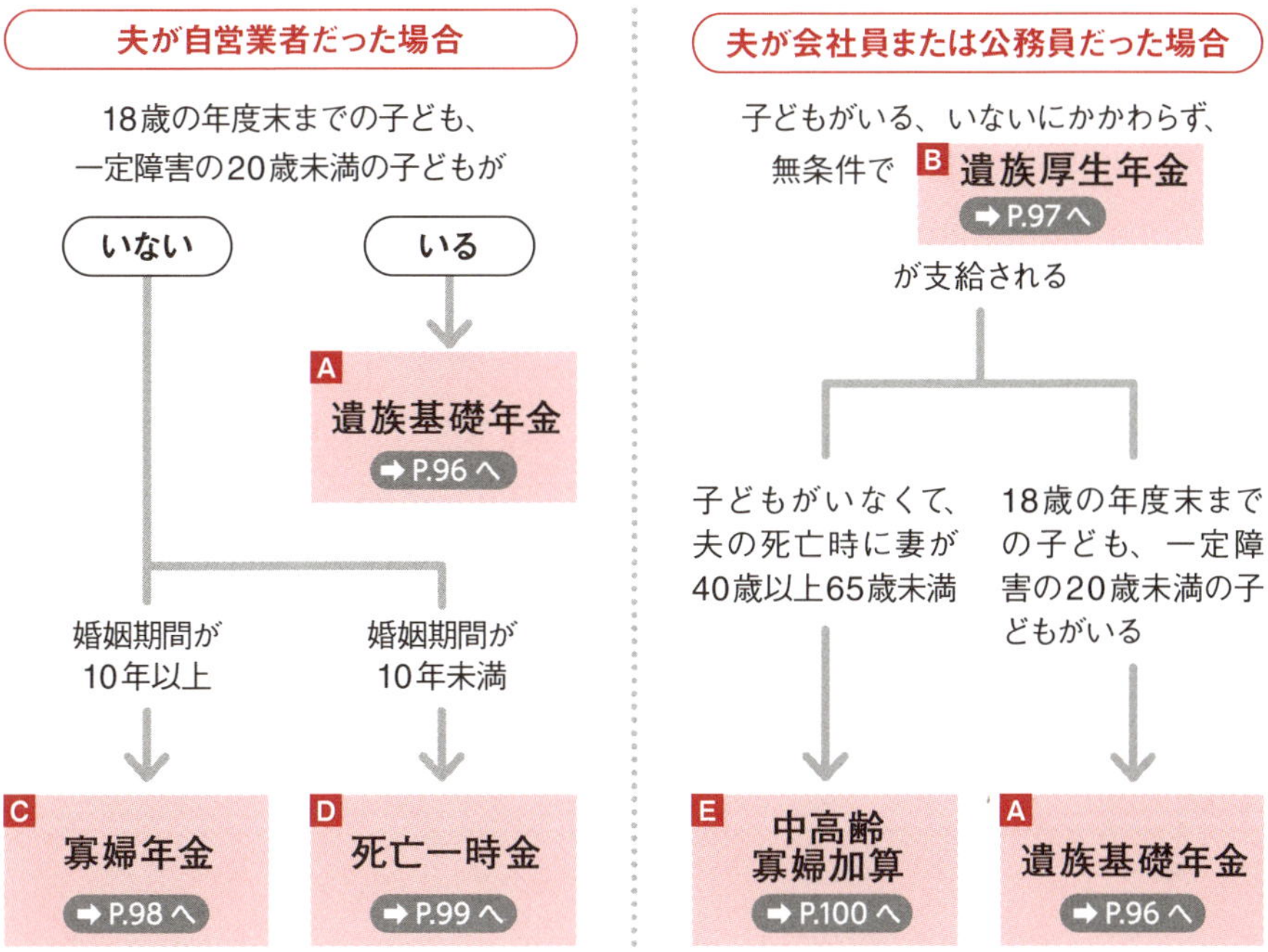

こんな場合は…

夫が非正規社員だったら

夫が加入していた
年金の種類の確認を

パート、アルバイト、契約社員などでも、故人が会社の社会保険に入り（厚生年金に加入し）要件を満たしていれば「遺族基礎年金」と「遺族厚生年金」が支給されます。個人で国民年金に加入していた場合は、要件により「遺族基礎年金」の支給対象となります。

こんな場合は…

夫が年金受給者だったら

年金の支給が始まっていても
遺族年金は給付される

年金受給者が亡くなったときは、「年金受給者死亡届」を受給先へ提出し、亡くなった月分までの未支給年金が受け取れます。また要件を満たす遺族がいれば「遺族基礎年金」や「遺族厚生年金」などを受け取ることができます。

A 遺族基礎年金を受け取る

受け取れる条件

【夫が】

① 国民年金の加入者

② 老齢年金をもらう資格を満たしている

【妻が】

① 亡くなった夫によって生計を維持されていた子どもがいる

② 年収850万円未満または所得655万5千円未満

▼期限 **5年以内**

受け取れる金額

78万100円に子の人数により加算されます。加算額は、第1子・第2子は各22万4500円、第3子以降は、子一人あたり7万4800円です。

（平成28年度の場合）

手続き P.32-33へ

故人が国民年金に加入しているともらえる年金

「遺族基礎年金」を受け取るには、故人が国民年金加入者で、故人が20歳から60歳になるまでの40年間のうち、25年（300カ月）以上（保険料免除期間を含む）保険料を納めたか、加入期間の3分の2以上を納めていることが条件です。保険料納付期間を満たしていなければ、支給されません。

「遺族基礎年金」が支給されるのは、18歳になる年度の3月31日を経過していない子または、20歳未満で障害年金の障害等級1級または2級の子がおり、前年の収入が850万円未満か、所得が655万5千円未満の場合です。要件に合う子どもがいない妻には、「遺族基礎年金」は支給されません。

用語解説

「国民年金」って？

日本に住む20歳以上60歳未満のすべての人に加入が義務付けられている制度。一定期間保険料を納めることで老齢、障害、死亡時に「基礎年金」を受け取ることが可能。職業により第1号被保険者、第2号被保険者、第3号被保険者に分かれ、保険料の納め方が異なる。

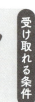

B 遺族厚生年金を受け取る

▼期限 **5年以内**

受け取れる金額

故人の平均標準報酬月額を基準に計算した額で、生前の給料により異なります。

手続き P.32-33へ

受け取れる条件

【夫が】

① 厚生年金の加入者
② 在職中に死亡または在職中の傷病がもとで初診から5年以内に死亡
③ 老齢年金をもらう資格を満たしている
④ 1級・2級の障害厚生（共済）年金を受けられる資格がある

【妻が】

① 亡くなった夫によって生計を維持されていた
② 年収850万円未満または所得が655万5千円未満

故人が厚生年金や共済年金に加入しているともらえる年金

会社員の夫が亡くなり、夫の条件のいずれかを満たせば、故人によって生計を維持されていた遺族は「遺族厚生年金」を受け取ることができます。

「遺族厚生年金」は、妻だけでなく、子、孫と、55歳以上の夫、父母、祖父母も支給対象です。18歳未満の子のある配偶者は、「遺族基礎年金」も併せて受け取ることができます。

夫の死亡時妻の年齢が30歳以上、または子のある妻であれば年金は一生涯支給されます。妻が30歳未満と若く、子どもがいない場合は支給期間が5年間のみです。

用語解説

「厚生年金」とは？

会社に勤務する人が加入する年金制度。国民年金からもらえる「国民基礎年金」にプラスして「老齢厚生年金」が支給される。保険料は加入者と勤務先の会社が折半して納める。

「共済年金」とは？

国家公務員、地方公務員、教員などが加入する年金のことだが、平成27年10月をもって厚生年金に一本化。

C 寡婦年金を受け取る

▼期限 **5年以内**

受け取れる条件

【夫が】

① 国民年金の第1号被保険者
② 25年以上（免除期間含む）保険料を納めた
③ 老齢年金、障害基礎年金を受け取っていない

【妻が】

① 亡くなった夫によって生計を維持されていた
② 夫との婚姻期間（事実婚を含む）が10年以上

受け取れる金額

夫が受給できたはずの老齢基礎年金の4分の3。夫の加入期間により金額は異なります。

手続き P.32-33へ

遺族基礎年金の条件に該当しない妻がもらえる年金

国民年金の第1号被保険者とは、自営業者や農業者とその家族を指します。

老齢年金の受給資格がありながら、年金支給前に亡くなってしまったときに、10年以上婚姻関係のある妻が、年金を受け取ることができる制度です。

右記の要件を満たした場合、妻が60歳から65歳になるまでの間に年金が支給されます。

ただし、夫がすでに老齢年金を受給していた場合や、妻が老齢基礎年金の繰り上げ受給を受けているときは、「寡婦年金」は支給されません。

用語解説

「寡婦」って？

夫と死別した後、再婚せずそのまま一人で暮らしている女性を指す言葉です。

「第1号被保険者」って？

国民年金加入者のうち自営業者・農業者とその家族、学生、フリーター、無職の人などのことをいいます。

D 死亡一時金を受け取る

受け取れる条件

【夫が】
① 国民年金の第1号被保険者
② 保険料を36カ月以上納めた
③ 老齢年金、障害基礎年金を受け取っていない

【妻が】
① 亡くなった夫と生計を同じくしていた

▼期限 **2年以内**

受け取れる金額

故人が保険料を納めた期間により金額が異なり、12万円から32万円まで支給されます。

手続き P.32-33へ

遺族基礎年金を受け取る人がいないときにもらえる年金

18歳未満の子どもがおらず、遺族基礎年金の支給対象にならなかった場合、要件を満たせば遺族が「死亡一時金」を受け取ることができます。

妻が寡婦年金と死亡一時金の両方の条件に合う場合は、どちらか一方を選択します。

「死亡一時金」は、亡くなった人と一緒に生活をしていた人であれば配偶者だけでなく、子、父母、祖父母、兄弟姉妹でも受給できます。受けられる順位は①配偶者➡②子➡③父母➡④祖父母➡⑤兄弟姉妹の順です。故人と生計が同一であれば、妻や家族の収入や所得に制限はありません。

◆ 死亡一時金の金額 ◆

保険料納付済期間	死亡一時金の受給額
36カ月以上180カ月未満	12万円
180カ月以上240カ月未満	14万5000円
240カ月以上300カ月未満	17万円
300カ月以上360カ月未満	22万円
360カ月以上420カ月未満	27万円
420カ月以上	32万円

E 中高齢寡婦加算を受け取る

▼期限 5年以内

受け取れる条件

【夫が】
① 厚生年金の加入者

【妻が】
① 遺族厚生年金の支給対象者
② 夫が亡くなったとき、妻の年齢が40歳以上65歳未満
③ 生計を同じくする子がいない
(18歳未満または20歳未満の障害児)

受け取れる金額

40歳から65歳になるまでの間、年額58万5100円が遺族厚生年金に上乗せされます。(平成24年度の場合)

遺族厚生年金の加算制度

厚生年金に加入している夫が亡くなり妻に遺族厚生年金が支給されるとき、40歳以上65歳未満で子どものいない妻には、「中高齢寡婦加算」が上乗せで支給されます。

40歳の時点で、遺族厚生年金と遺族基礎年金を受けていたが、子どもが支給年齢を超えたために、遺族基礎年金がもらえなくなった妻も支給対象です。

「中高齢寡婦加算」は、要件があえば妻が40歳から65歳になるまでの間、遺族厚生年金に加算されます。これは、故人により生計を維持されていた妻が自分の老齢基礎年金がもらえるまでの間、生活を維持できるよう支援するための制度です。

手続きに際して

遺族厚生年金申請と同時に申請

➡ P.33 参照

▶必要なもの
- □ 年金手帳
- □ 戸籍謄本
- □ 住民票など

▶届け先

市区町村役場または年金事務所

遺族年金受給額早見表（平成27年度）

自営業（遺族基礎年金）

平均標準報酬月額	妻のみ	妻と子1人	妻と子2人	妻と子3人
20万円	**0万円**	**8万円**	**10万円**	**10万円**
40万円	**0万円**	**8万円**	**10万円**	**10万円**
50万円	**0万円**	**8万円**	**10万円**	**10万円**

会社員（遺族基礎年金＋遺族厚生年金）

平均標準報酬月額	妻のみ	妻と子1人	妻と子2人	妻と子3人
20万円	**2万円**	**10万円**	**12万円**	**12万円**
40万円	**4万円**	**12万円**	**14万円**	**14万円**
50万円	**6万円**	**14万円**	**16万円**	**17万円**

公務員（遺族基礎年金＋遺族厚生年金）

平均標準報酬月額	妻のみ	妻と子1人	妻と子2人	妻と子3人
20万円	**2万円**	**10万円**	**12万円**	**13万円**
40万円	**4万円**	**13万円**	**15万円**	**15万円**
50万円	**7万円**	**15万円**	**17万円**	**18万円**

（日本年金機構より）

※遺族年金額の月額概算値（受給年額を12等分し、千円単位を切捨て）を表示しています。
※実際には、年額を6等分した金額が2カ月ごとに支給されます。
※平均標準報酬額とは、厚生年金の加入期間中の賞与を含めた平均月収です。
※被保険者期間を最低保証の300月として算出した年金額です。
※ここでいう子とは、18歳到達年度の末日（3月31日）までの子、または20歳未満で障害等級1級または2級の子をいいます。
※夫の死亡時に子のいない40歳未満の妻は、遺族厚生年金のみ支給されます。
※夫の死亡時に子のいない30歳未満の妻に対する遺族厚生年金は、5年間に限定されます。

平均月収40万円の場合

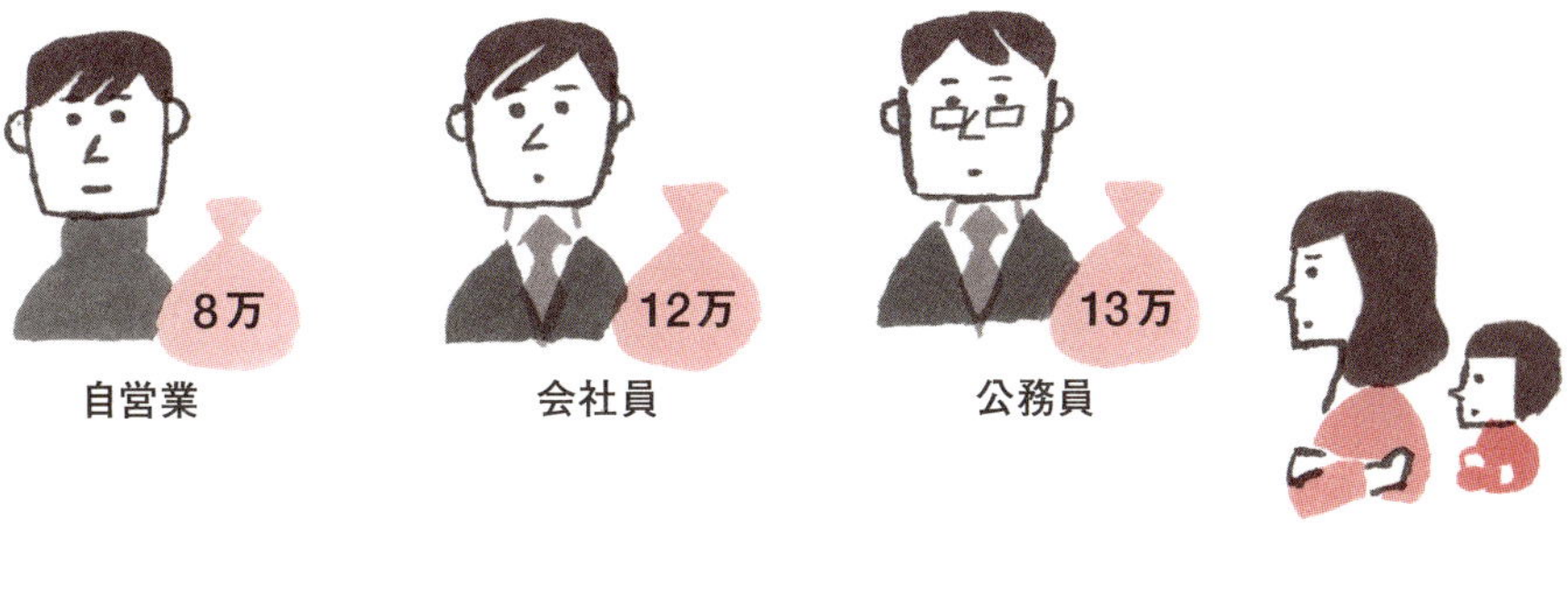

お金
のこと
03

自分の年金ってどうなるの？

会社員の夫の扶養家族であった場合は、14日以内に妻自身の年金の加入手続きが必要です。

夫が会社員で妻は専業主婦の場合

▼期限 14日以内

夫の年金は保険資格がなくなってしまう

夫が会社員または公務員で厚生年金や共済年金に加入し、妻が専業主婦などで夫の扶養家族となっていた場合は、妻は国民年金の「第3号被保険者」になっています。この資格は、夫が亡くなった時点で喪失してしまいます。

夫の死亡後、すぐ働く予定がないときは、国民年金の「第1号被保険者」へ種別変更の手続きが必要になります。

妻は国民年金を納める

「第3号被保険者」の場合は、保険料負担がありませんでしたが、「第1号被保険者」になると、自分で国民年金の保険料を納めなければなりません。

手続きに際して

▶**必要な書類**

- □国民年金被保険者種別変更届
- □年金手帳
- □印鑑
- □資格喪失届　など

▶**届け先**

市区町村役場
または年金事務所

夫が会社員で妻も会社員の場合

妻が自分の厚生年金に加入していれば変更なし

妻が会社員で、厚生年金に加入している場合は、年金に関する変更はありません。

会社勤めをしていても、年収が130万円未満（60歳以上または障害者で、年収180万円未満）で、厚生年金に加入せず、夫の扶養家族となっていた場合は、「第3号被保険者」です。専業主婦同様「第1号被保険者」に変更が必要です。

夫が自営業で妻は専業主婦の場合

引き続き「第1号被保険者」として保険料を納める

自営業者とその家族は、それぞれが別々に国民年金に加入する「第1号被保険者」です。夫死亡後も、妻の国民年金に変更はありません。引き続き「第1号被保険者」として保険料を納めます。

ただし、夫亡き後、妻が就職し会社員として働く場合は、勤務先の厚生年金に加入し「第2号被保険者」となります。「第1号被保険者」から「第2号被保険者」への種別変更は、就職して5日以内に、会社が「被保険者資格取得届」を年金事務所に提出します。

こんな場合は…

国民年金の保険料が払えない

保険料の免除制度を利用し
受給資格期間を確保する

経済的に苦しく、年金の保険料を納めることが困難なときは、保険料の免除制度を利用しましょう。未納のままにしてしまうと、年金の受給資格期間（25年）にカウントされず、老齢基礎年金が受け取れなくなる場合があります。免除制度を利用すると、受給資格期間には算入されます。

用語解説

「保険料免除制度」って

保険料免除制度には、一部免除と全額免除がある。さらに、保険料の一部免除では「半額免除」「4分の1免除」「4分の3免除」を選択することができる。

一部免除期間の年金支給額は、それぞれ全額納付した場合の6／8（半額免除）、7／8（4分の1免除）、5／8（4分の3免除）が支給される。

また、全額免除された期間は、全額納付した場合の年金額の2分の1が支給される。

お金
のこと
04

もし、再婚することになったら年金は？

夫と死別し遺族年金受給期間に、妻が再婚した場合についても確認しておきましょう。

遺族年金は受給できなくなる

夫の死亡により、遺族基礎年金・遺族厚生年金を受け取っていた妻がその後再婚した場合、新しい夫に生計を維持されることから、遺族年金の受給権がなくなります。

ただし、18歳未満の子どもがいて、遺族基礎年金を受けている場合は、妻に対する受給権はなくなりますが、子が18歳になるまで、子に対して支給されます。

子どもがいない妻は、遺族基礎年金や遺族厚生年金、寡婦年金などすべて受給権がなくなります。

遺族年金受給停止の手続きが必要

再婚によって、遺族年金を受ける資格がなくなったときは、再婚してから10日以内に「遺族年金失権届」を、住所のある市区町村役場または、最寄の年金事務所に提出します。

子どもの遺族年金は年齢が到達すれば自動的に停止されるため、手続きは不要です。

一度、遺族年金の受給権がなくなると、再婚相手と離婚しても再び、元夫の遺族年金が支給されることはありません。

手続きに際して

▶必要なもの
□ 遺族年金失権届
□ 年金証書

▶届け先
市区町村役場または
年金事務所

▶期限　再婚してから10日以内

自分の年金はケースによって異なる

再婚後の妻の年金は、夫の職業や妻の就業状況により異なります。夫と死別後、会社で正社員としてフルタイムで働いていた場合は、妻自身が厚生年金に加入しています。再婚後も同様に仕事を続けるのであれば、加入する年金を変更する必要はありません。仕事を辞めて夫の扶養に入る場合は、手続きが必要です。

再婚を機に妻が夫の扶養に入ると、国民年金の第3号被保険者となります。その場合、事実発生から5日以内に、夫の勤務先の事業主を経由して「被扶養者（異動）届」と「国民年金第3号被保険者該当（種別変更）届」を年金事務所に提出しなければなりません。

Point

遺族年金失権届を出さなかったら

再婚や事実婚をしたにもかかわらず届け出を出さなかった場合は、不正受給となります。発覚したときから関係が成立したと思われる期間の間の返還を求められることになります。

こんな場合は…

再婚した夫が自営業を営む

妻も自営業を手伝うなら年金の変更を

すでに妻が国民年金の「第１号被保険者」であれば、年金の変更はありません。妻が会社員で厚生年金加入者のときも、変更はありませんが、退職して夫の事業を手伝う場合には、国民年金の「第１号被保険者」への変更が必要です。

こんな場合は…

再婚する人と事実婚をする

生計維持の実態があれば停止される

新しい夫と入籍せず、事実婚である場合も、生計維持の実態があれば、元夫の遺族年金の受給権は消滅します。事実婚であっても「遺族年金失権届」を提出しなければなりません。生計維持の実態については、行政の個人審査により担当者の判断となります。

お金 のこと 05

自分の保険は入るべき？

扶養する子どもがいるか、いないかで、加入を検討すべき保険の種類が変わります。

保険に入るかどうかの基本的な考え方

一家の大黒柱が亡くなった後は、今後の経済的な不安から高額な生命保険に入る人もいます。しかし、夫の死亡保険金をある程度受け取っている場合や、遺族年金の受給資格がある場合は、必ずしも新たに生命保険に加入する必要はありません。むしろ、保険に入り過ぎると月々の保険料が家計を圧迫することもあります。

ただし、子どもが小さい場合は、万が一の備えとして死亡保険の加入を検討してもよいでしょう。

こんな場合は…

子どもがいる

定期保険で必要なお金を確実に残す

保険期間と死亡保障額を確認し、保険料の安い「掛け捨て型」の「定期保険」を選びましょう。定期保険は10年ごとの更新なので、子どもが成人して独立したら、死亡保障額を下げるなどの見直しもできます。

収入保障保険を検討する

自分の死亡後、子どもの生活費を確保したいと考えるのであれば「収入保障保険」も選択肢のひとつです。この保険は、毎月決まった金額が契約期間満了まで支払われるタイプの保険です。

こんな場合は…

子どもがいない

老後を見据えた医療保険や年金保険を

子どもがいない場合は、死亡保険よりも自分自身の医療保険や年金保険のほうが重要度が高くなります。年金生活になっても無理なく保険料が支払えるよう、医療保険は60歳払い済み、終身保障などがおすすめです。

収入に余裕があれば有利な保険へ変更も

年金保険は、貯蓄性のある商品のため、掛け金は高くなります。収入に余裕がある場合、定期預金と比べて有利な商品があれば加入を検討してもよいでしょう。再婚した場合は、保険の見直しを行いましょう。

個人年金保険で老後の資金を確保する

個人年金保険は、国民年金や厚生年金とは別に、民間の保険会社などが販売している金融商品です。契約内容に応じて、将来年金が受け取れます。公的年金のみでは老後の生活に不安があるときに、加入を検討しましょう。

個人年金保険は、公的年金とちがい、保険料、払い込み期間、受給方法などが自由に選べます。また、受け取り方やリスクがあるなしによって、いくつかの種類があります。

医療保険は最低限でＯＫ

医療保険は、病気やケガなどの入院や治療費などを補てんするための保険です。「終身」「定期」「女性向け」「貯蓄型」など種類や契約内容も多種多様ですが、公的医療保険でまかなえる部分もあることから、最低限「入院・手術・先進医療」を保障するシンプルな保険を選ぶのが合理的です。保険料も掛け捨てタイプで安く抑えたほうがよいでしょう。

各保険会社のホームページで保障内容と保険料が算出できるので、参考にしてください。

受け取り方による分類

確定年金

5年・10 年など決められた期間年金が受け取れます。保険料払い込み期間に本人が死亡すると死亡給付金が支払われ、年金受取期間に死亡すると、残りの年数分は遺族が年金を受け取れます。

終身年金

亡くなるまで何年間でも年金が受け取れます。死亡により給付が停止するため、早く死亡したときは、納めた保険料より、受給額が少なくなる場合があります。

有期年金

確定年金と同じく受給期間が決まっていますが、死亡により支給が停止します。早く死亡すると元本割れのリスクがあり、その分保険料が安く設定されています。

リスクによる分類

定額年金

契約時に払い込む保険料と、年金の受け取り額が決まっています。予定利率を変更することなく運用されるため元本割れのリスクはありません。

変額年金

保険料は一定ですが、運用によって受け取る年金額が変わります。運用成績がよければ、受け取る年金が多くなり、低迷すれば元本割れするリスクもあります。

お金のこと 06

死亡保険金を受け取ったら？

保険契約者と受取人の立場によって、課税される税金の種類がちがいます。

死亡保険金は課税対象

死亡保険を受け取ったときは、「相続税」「所得税」「贈与税」のいずれかが課税されます。

たとえば、保険契約者が亡くなった夫で、自身にかけた保険の受取人が妻（相続人）の場合は「相続税」の課税対象です。

保険契約者が妻で、夫にかけた死亡保険金を妻が受け取った場合には、一時所得として「所得税」の課税対象となります。受取人が妻以外の人なら、「贈与税」の課税対象です。

◆ 死亡保険金を受け取ったときの税金 ◆

契約内容	保険契約者と被保険者が同一人で受取人が相続人などの場合	受取人が保険契約者自身の場合	保険契約者、被保険者、受取人がそれぞれ異なる場合
契約例	契約者 夫(父) / 被保険者 夫(父) / 受取人 妻 契約者 夫(父) / 被保険者 夫(父) / 受取人 子	契約者 妻 / 被保険者 夫(父) / 受取人 妻 契約者 子 / 被保険者 夫(父) / 受取人 子	契約者 妻 / 被保険者 夫 / 受取人 子 契約者 夫 / 被保険者 子 / 受取人 妻
税の種類	相続税	所得税（一部所得）＋住民税	贈与税
申告期限	相続のあったことを知った日の翌日から10カ月以内	所得があった年の翌年の2月16日〜3月15日	贈与を受けた年の翌年の2月1日〜3月15日

※契約者と被保険者が同一人の場合の死亡保険金は、相続または贈与によって取得したものと見なされ相続税の対象となる。このうち受取人が被保険者の法定相続人の場合には、死亡保険金から非課税額として「500万円×法定相続人数」の金額が控除される。

➡ P.148 参照

お金の使い道をはっきりさせる

死亡保険金は、遺族のこれからの生活を保障するためのお金です。一括で受け取る場合には、受取金が大金になることもあります。将来を見据えて計画的に使うことが大切です。

まずは、これからの生活にどれだけの必要経費がかかるか、今後のライフイベントと、予想される出費を書き出してみましょう。

たとえば、未就学や学生の子どもがいれば、教育費は必ず確保しておかなければなりません。成人後も結婚援助資金などが必要な場合があります。

子どもがいないときは、生活費や老後資金にいくら必要かなどをしっかり考えておきましょう。

今後の生活にかかる費用と運用方法

教育費

大学までの入学金・授業料などにあてる資金

➡ P124,126 参照

↓

子ども保険や学資保険で確実に教育資金確保

子どもが生まれたばかりや、未就学のときは「子ども保険」や「学資保険」を活用しましょう。定期預金より利率も有利で、取り崩す心配が低いため確実に貯められます。

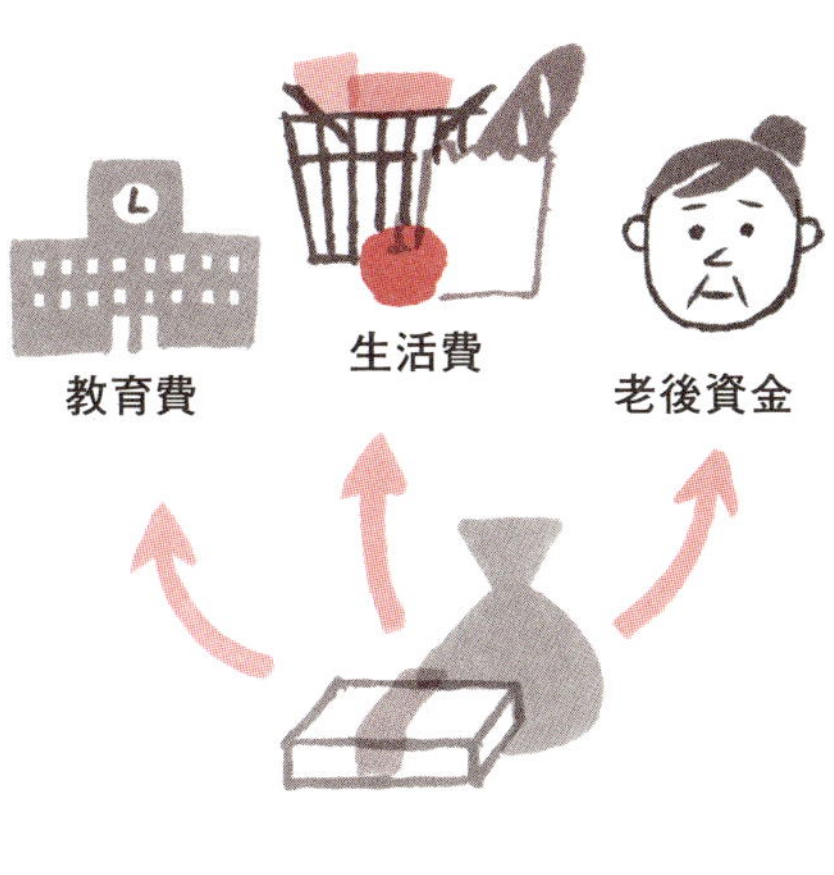

生活費

食費や水道光熱費、住居費などにあてる資金

↓

安全性重視・流動性のあるもので運用

生活費は日々使うお金です。出し入れや引き落としなどに便利な普通預金で管理しましょう。元本割れしたり、満期がこないと引き出せないといった金融商品にするのは向きません。

老後資金

老後の生活費や住居費などにあてる資金

↓

リスクの許容範囲を決めて有利に増やす

老後資金を確実に確保したいときは、安全性を重視し、個人年金や定期預金で管理するとよいでしょう。30代、40代などで老後までに時間がある人は、資金の一部を株や投資信託などで運用する方法もあります。ただし、値下がりにより資金が減る可能性もあるため、自分の許容範囲を決めておく必要があります。

お金のこと 07

夫名義の借金があったら？

借入金やクレジットの残債などマイナスの財産を相続するか放棄するか検討しましょう。

借金はマイナスの財産として相続の対象に

夫が借金を残して亡くなってしまうこともあります。特に、自営業者だった場合には、個人の借金だけでなく、事業の買掛金や未払い金などが出てくる場合もあります。

これらは、マイナスの財産（消極財産）として相続の対象になります。

たとえば、夫の借金を妻が相続した場合は、返済を引き継がなければなりません。夫の死亡保険金などで、完済できる見通しがあれば、相続してもかまいませんが、支払い能力がない場合は、相続放棄を検討しましょう。

相続放棄すれば返済しなくてもよい

相続放棄をすると、最初から相続人でなかったことになり、借金の返済義務を免れます。

夫の残した借金が多額で、預貯金や不動産などのプラスの財産（積極財産）を返済にあてても、さらに負債が残るような場合は、相続放棄を選択したほうが無難です。

手続きの詳細は、63ページを参照してください。

相続開始日から3カ月以内に手続きを

相続放棄は、相続の開始を知った日から3カ月以内に行わなければ認められません。3カ月を過ぎてしまうと、借金も相続人が承継することになります。

いったん相続放棄をすると、プラスの財産を相続する権利もなくなります。夫名義の土地や家に住んでいる場合などは、慎重に判断しましょう。

借金を相続するなら法定相続分に応じて返済

相続した借金は、法定相続人が各自の法定相続分（➡P69）に応じて返済します。たとえば、妻と長男、長女の３人が相続人だった場合は、妻が借金の２分の１、長男長女は４分の１ずつ返済します。長男長女が相続放棄し、故人に両親や兄弟姉妹がいない場合は、妻一人が法定相続人として借金を返済します。親子共に相続放棄するのであれば代理人は不要ですが、子どもだけが相続放棄をするのであれば代理人が必要となります。

例）**妻と子２人**

妻 1/2　子 1/4　子 1/4

例）**妻１人**

妻１

こんな場合は…

相続放棄後、借金取りが来た

家庭裁判所の審判を受けていれば返済義務なし

相続放棄後に、債権者が返済を迫って家に押しかけてきても、返済する義務はありません。毅然とした態度で、相続放棄した旨を伝えましょう。一部の法定相続人が相続しない旨を遺産分割協議で決めた場合は、相続放棄の効力はありませんので、注意しましょう。

こんな場合は…

借金があることを知らなかった

原則として相続人が返済義務を負う

相続開始を知った日から３カ月以降に借金が出てきたら、相続人に返済義務があります。ただし、過去に裁判で「借金も遺産もまったくあることを知らなかった。知るよしもなかった」として、３カ月経過後に相続放棄が認められた例もあります。

住まいのこと 01

住宅ローンが残っていたら？

住宅ローンはマイナスの財産ですが、ほとんどの場合保険会社が残債を清算してくれます。

団体信用生命保険に入っていれば支払いは不要

マンションや家を購入するとき、民間の金融機関でローンを組んだ場合は、ほとんど団体信用生命保険の加入が借入の条件となっています。

住宅ローンの返済途中で夫が亡くなったとき、団体信用生命保険に加入している場合は、ローン残高は保険会社が支払ってくれます。残された妻や子が住宅ローンを払う必要はありません。今までの住まいを相続して、そのまま住み続けることができます。

今後もかかる費用

住宅修理代

持ち家の一部が壊れたり、老朽化したときには、補修する費用がかかります。災害などで大規模な補修が必要になることもあるので地震保険や火災保険に加入しましょう。

固定資産税

土地や建物を所有している場合は、固定資産税が毎年かかります。一戸建てやマンションを所有している人は、固定資産税がいくらかかるか必要経費として把握しておきましょう。

マンション管理費

住宅ローンがなくなったとしても、マンションの場合は月々の管理費がかかります。居住している間は、ずっと払い続けなければならない費用です。

修繕積立金

マンションに住んでいる場合は、修繕積立金も月々支払わなければなりません。修繕積立金は、マンションの共有部分の修繕費や建物診断にあてられる費用です。

団体信用生命保険に入っていなかったとき

「フラット35」など住宅金融支援機構」の住宅ローンを利用した場合は、団体信用生命保険が任意加入となっており、加入していないケースもあります。また、民間金融機関でも、団体信用生命保険の加入要件に適合せず、連帯保証人を立てて、ローンを組んでいる場合もあります。

　このような場合、ローン返済途中で夫が亡くなると、ローンの残債は相続人が引き継ぐことになります。相続放棄をすると、ローンだけでなく住んでいる家も手放すことになるので、注意が必要です。相続人がローンを引き継ぐ場合には、いくつか方法があります。金融機関で相談してください。

3つの主な返済プラン

一定期間の返済額を減らす

「妻が就職し、収入が安定するまで」「子どもが大学を卒業するまで」などの条件を金融機関の担当者と相談して期間を決め、その期間については、返済額を減額してもらえます。減額期間が終了すると、返済額は減額前よりも増加します。

返済期間を延長する

「フラット35」の場合、年収が年間総返済額の4倍以下、月収が世帯人数×6万4000円以下などの条件に合えば、返済期間を最長15年間延長できます。返済期間が長くなる分、月々の返済額は少なくなりますが、支払う総額は当初より増えます。

元本の支払いを一時休止

「フラット35」の場合は、住宅ローンを相続しても、相続人が失業中であったり、収入が20%以上減少したときは、最長3年間、元本の支払いを一時休止し、利息のみを支払う設定ができます。利息のみ支払う期間中は、金利の引き下げができることもあります。

用語解説

「団体信用生命保険」って?

住宅ローン返済中に、ローン契約者が死亡または、高度障害になった場合、契約者に代わって、保険会社がローン残高の全額を保障する保険制度。一般的に、住宅ローン借り入れの際、加入が契約条件となっている。

住まいのこと 02

夫名義の住宅に住んでいたら？

遺言書または遺産分割協議の取り決めに従い、名義変更の手続きを行いましょう。

相続人の名義に変更の手続きを行う

自宅が持ち家で、夫が亡くなった後も妻や子どもが引き続き住む場合には、土地・建物の所有権を相続人に移転します。

遺言書または遺産分割協議で、土地・建物の名義を引き継ぐ人が決まったら、管轄の法務局で不動産の「所有権移転登記」を行います。所有権移転登記には期限はありませんが、必要書類も多いので早めに準備を始めましょう。

必要書類や手続きの方法は、31ページを参照してください。

家を売却し住み替える場合には

夫の死亡を機に家を売却して、実家に戻る場合には、いったん、土地・建物の所有権を相続した人に移転した上で、売りに出します。不動産は売却したくても、買い手がつかなければ売れません。資産価値がある場合は、買い手もつきやすいですが、築年数が古い場合や、立地が不便な場所だと思うように売却できないこともあります。売らずに実家に戻り、賃貸として貸出して家賃収入を得る方法もあります。

こんな場合は…

内縁の夫の持ち家に住んでいた

遺言書があれば相続が認められる

事実婚で、夫名義の持ち家に住んでいた場合は、「内縁の妻に相続させる」という遺言書がなければ、内縁の妻には相続権がありません。ただし、法定相続人が内縁の妻を家から追い出すことは、権利濫用にあたり許されないとされています。そのため、不動産の所有権は得られませんが、居住権は認められます。

所有権移転（売買）登記申請書の書き方

権利者

贈与を受けたもの（受贈者）の住所、氏名または法人の場合は名称を記入します。

※受付シールを貼るスペース

登　記　申　請　書

登記の目的　所有権移転

原　　因　平成 28 年 10 月 31 日売買

原因

贈与契約が成立した日（贈与契約書を作成した日）を記入します。

権 利 者　大泉　夏美

義 務 者　大泉　春夫

義務者

贈与をしたもの（贈与者）の住所、氏名または名称を記入します。

添付情報
　登記識別情報　登記原因証明情報
　代理権限証明情報　印鑑証明書　住所証明情報

登記識別情報を提供することができない理由
　□不通知　□失効　□失念　□管理支障　□取引円滑障害　□その他（　　　）

□登記識別情報の通知を希望しません。

平成 28 年 10 月 31 日申請　　法 務 局

申請人兼義務者代理人　新宿区矢来町6丁目1010　大泉　夏美　（印：大泉）

連絡先の電話番号　03 － ×××× － ××××

課 税 価 格　金 2,000 万円

課税価格

課税標準※となる不動産の価額を記入します。

登録免許税　金　40 万円

不動産の表示
　不動産番号　9988554455443
　所　　在　新宿区矢来町6丁目1010
　地　　番　100
　地　　目　宅地
　地　　積　80平方メートル

不動産の表示

登記記録（登記事項証明書）に記録されているとおりに正確に記入します。不動産番号を記載した場合は、土地の所在、地番、地目及び地積（建物の所在、家屋番号、種類、構造および床面積）の記載を省略することもできます。

　不動産番号
　所　　在
　家 屋 番 号
　種　　類
　構　　造
　床 面 積

※課税標準とは、市区町村役場で管理している固定資産課税台帳の価格です。

住まいのこと
03

夫名義の車のローンが残っていたら？

ローンの支払いが残った自動車を引き続き使うときは、使用者の変更をしましょう。

自動車の所有者を確認し連絡を取る

夫が自動車をローンで購入し、ローンの支払い中に亡くなった場合は、自動車の所有者が自動車の販売会社やローン会社になっていることがあります。この場合は、名義変更の手続きはできません。

まずは、車の車検証で「所有者」の欄を確認しましょう。所有者がわかったら、すみやかに連絡を取り、「ローン契約者が亡くなったために、自動車の使用者を変更したい」と申し出て、手続きの方法を確認してください。

ローンは相続した人が引き続き払う

ローンの残債は、マイナスの財産として相続人が引き継ぎます。残債は基本的に一括で清算しなければなりません。

ただし、自動車を引き続き使用する場合は、ローン会社によっては、審査の上、相続人の分割払いを認めてもらえることもあります。

自動車を使わない場合は、相続放棄をすれば、ローンの返済義務はなくなり、車はローン会社が引き取りに来ます。

車の維持にはお金がかかる

自動車にはローンのほか、駐車場代、ガソリン代、車検代、自賠責保険、任意保険、税金などの維持費がかかります。

今後も車を持ち続けるかどうかも、改めて検討してもよいでしょう。

住まいのこと 04

夫名義の車を売ってもいいの？

車の所有者が夫の場合、引き続き使うつもりがない場合は残債を支払い後、売却しましょう。

自動車の名義変更後売却できる

夫が所有者となっている自動車は、相続人に名義変更をしたのち、売却することもできます。自動車は、車両価格が１００万円以下であれば、遺産分割協議をしなくても誰でも名義変更ができます。

ローンが残っていたら売却はできない

ローンが残っている車は、所有者が夫ではないため、勝手に売却することはできません。まずは、相続人がローン会社に残債を一括で支払い、名義変更を行ってから売却しましょう。

車両価格の査定方法

車両価格の調べ方には３つの方法があります。

1. 中古車買取業者に査定価格を聞く
2. チラシやネットで販売中の同車種・年式・走行距離の中古車価格を調べる
3. 新品価格から相続開始時までの減価償却相当額[※1]を差し引いて計算する

※1 取得価格（購入代金）×0.9×償却率×経過年数で出した額

こんな場合は…

廃車するなら

相続人に名義変更してから廃車に出す

故人の自動車を廃車にするときも、相続人への名義変更が必要です。必要書類（戸籍謄本や印鑑証明書、車検証など）をそろえ、ナンバープレートを管轄する運輸支局で廃車の手続きを行います。名義変更後、「一時末梢登録」または「永久抹消登録」[※2]を申請します。

こんな場合は…

譲渡するなら

名義変更が２回必要になる

夫名義の自動車を、夫の友人など相続人ではない人に譲渡する場合には、夫から夫の友人に直接名義変更をすることはできません。いったん相続人が車を相続し、名義を相続人に変更した上で、再び夫の友人に名義を変更しなければなりません。

※2 解体をすませている場合に限ります。

住まいQ&A

これからの住まいや、亡き夫の両親や親族との関係で心配や問題が発生したときはどう対処すればよいでしょう？

Q 夫の両親の不動産、籍を抜かなければ相続の権利はある？

A 妻に夫の両親の財産を相続する権利はない

籍を抜く、抜かないにかかわらず、妻には夫の両親の財産を相続する権利はありません。

ただし、亡き夫との間に子がいる場合は、その子に代襲相続権があります。代襲相続とは、夫の両親が亡くなったとき、すでに亡くなっている息子（夫）に代わって、孫が法定相続人となることです。子どもが妻とともに籍を抜き、妻の姓を名乗るようになったとしても、相続権はなくなりません。

Q 引っ越ししたいけれど、保証人のあてがない…

A 保証人のいらない公営住宅や保証会社を利用する方法も

実家の両親や兄弟姉妹などが賃貸住宅の連帯保証人を引き受けてくれないときは、連帯保証人を立てる必要のないＵＲ賃貸や公営住宅などを探してみましょう。ただし、公営住宅などは抽選で当たらないと入居できない場合があります。最近は、民間の賃貸住宅でも保証会社と契約すれば連帯保証人は不要という物件もあります。部屋を探すときに、不動産仲介業者に相談してみてください。

Q 夫が義母のために賃貸マンションを借りていたけれど…

A 「姻族関係終了届」を出せば扶養義務はなくなる

夫が亡くなったために、収入が減り、扶養していた義母の住まいの家賃を負担するのが苦しいというときは、「姻族関係終了届」を役所に提出すれば、義母を扶養する義務はなくなります。これにより、義母を誰が面倒を見るのかという実際的な問題は残るでしょう。今後、義母の面倒を見てくれる人はいないかなど、夫の親族に相談することが必要になります。

Q 住宅ローンは夫婦のペアローンでしたが、今後、払い続けるのは難しいかも…

A 団体信用保険に加入済みなら夫の分の返済は必要ない

夫婦のペアローンとは、主に、共働きの夫婦でお互いに収入がある場合に利用するローンです。住宅の所有権も共同名義になっていると思われます。

ペアローンの返済中に夫が亡くなった場合は、団体信用保険がおりるので、夫の借り入れ分は支払う必要がなくなります。妻はもともと自分が支払っていた分のみ、返済を続けることになります。それでも支払いが困難になった場合には、住宅を売却してローンの残債を返済する方法もあります。

Q 夫が建てた家で義父母と暮らしているが実家に戻ろうと思っている。義父母はどうしたらいい？

A 相続した家と義父母の住居をどうするか検討する

夫婦に子どもがいなかった場合、妻が3分の2、義父母が3分の1、夫の財産を相続する権利があります。夫の財産が不動産のみであったとき、妻が実家に帰るのであれば、売却して相続分相当の金銭を義父母に渡す方法があります。

ただし、義父母が引き続きその家に住みたがっている場合など、心情的に割り切れないことも出てくるかもしれません。その場合は、不動産を妻名義に変更し、売却せずにそのまま義父母に住んでもらい、自分は実家に帰る方法も考えられます。

いずれにせよ、夫の遺言書がなければ、義父母と遺産分割協議を行う必要があります。できるだけ両者で納得がいくような話し合いをすることが大切です。

教育費のこと 01

母子・寡婦が利用できる制度があるの？

母子・寡婦が経済的に困ったときは、国や自治体の支援や優遇措置を活用しましょう。

母子家庭や寡婦に対しての優遇制度がある

夫を失い、母子家庭や一人暮らしとなった妻が、経済的に困難な状態になったときは、国や自治体でさまざまな支援制度を用意しています。

自分がどのような支援を受けられるかわからないときは、市区町村役場の福祉課や、地域の社会福祉協議会や母子福祉団体などに相談するとよいでしょう。困ったときは、一人で悩まず、行動することが解決への早道です。

ここでは、母子家庭や寡婦が利用できる主な支援制度を紹介します。

児童扶養手当

ひとり親家庭に支給される給付金です。子どもが18歳に到達する年度末まで、児童一人のときは、月額４万２３３０円（平成28年４月以降の金額）が支給され、兄弟がいれば、人数により加算金があります。詳しい内容と手続きは、１２２ページを参照してください。

ひとり親家庭医療費助成制度

ひとり親家庭に発行される「マル親医療証」と健康保険証を提示して、医療機関を受診すると、治療費の自己負担が減免される制度です。たとえば東京都の場合、ひと月の通院医療費が１万２０００円を超えるとそれ以上は免除されます。入院ではひと月の上限が４万４４００円となります。限度額は自治体によって異なります。

手続きに際して

▶必要なもの

- □ 申請者と子どもの戸籍謄本
- □ 世帯全員の住民票の写し
- □ マイナンバー
- □ 本人確認書類（健康保険証、運転免許証など）

など

▶届け先

市区町村役場

母子父子寡婦福祉資金

20歳未満の子どもを扶養しているひとり親家庭の親に対する貸付金制度です。

自治体により、内容が異なりますが、事業開始資金、技能習得資金、就職支度資金、修学資金、住宅資金など、修学・就職・転宅などを目的とする多種多様な資金を借りることができます。償還期限（資金の種類により3年から20年間）内に返さなければなりません。

手続きに際して

▶**必要なもの**

- □ 貸付申請書
- □ 戸籍謄本
- □ 世帯全員の住民票の写し
- □ 借受人、連帯保証人の印鑑登録証明書

など

※貸付金の内容により異なる

▶**届け先**　市区町村役場

マル優・特別マル優制度

障害者や遺族基礎年金、寡婦年金などを受給している人は、「マル優」（少額預金の利子所得等の非課税制度）が利用できます。この制度を利用すると、預貯金の３５０万円までの利子が非課税になります。また、国債などの額面３５０万円までの利子が非課税となる「特別マル優」（障害者等の少額公債の利子非課税制度）も併せて利用できます。

手続きに際して

▶**必要なもの**

- □ 申請書
- □ 年金手帳（または障害者手帳）
- □ 本人確認書類（健康保険証、運転免許証など）
- □ 印鑑

など

▶**届け先**　各金融機関

税の軽減

夫と死別して、再婚せずに子どもを育てている人、または、夫と死別して再婚していない所得合計が５００万円以下の女性は、寡婦控除として、27万円の所得税控除が受けられます。子どもがいて所得が５００万円以下だと控除額が35万円になります。

福祉定期

「福祉定期」は、ゆうちょ銀行やいくつかの信用金庫、地方銀行などで取り扱っている遺族年金や障害年金受給者向けの定期預金です。

１年もので金利は、金融機関によってまちまちですが、ゆうちょ銀行の場合は、一般の定期預金の金利に０・１０％が上乗せされます。

教育費のこと 02

児童扶養手当ってどんなもの？

子育て中にひとり親家庭になってしまったときは、国からの経済的なサポートがあります。

ひとり親家庭の生活の安定と自立を助ける

児童扶養手当は、ひとり親家庭の生活安定と自立をサポートし、子どもの福祉を増進するための国の制度です。住所のある市区町村役場の窓口で申請を行います。

手当の額は、児童1人の場合月額4万2330円で、兄弟がいるときは、2人目以降1万円、3人目以降6000円が加算されます。支給には所得制限があり、年収により、全額支給、一部支給、不支給が決まります。所得額は下記の表を参照してください。

受け取れる条件

- 日本に住所があること
- ひとり親家庭であること
- 子の年齢が18歳未満（障害児のときは20歳未満）

遺族年金を受けていても受給が可能に

これまで、児童扶養手当は、遺族年金などの公的年金受給者は、対象外とされていました。しかし、法律が改正され、平成26年12月以降より、年金額が児童扶養手当より低い場合、その差額分を児童扶養手当から受給できるようになりました。

児童扶養手当が支給される所得年収

扶養親族の数	手当を請求する本人の所得年収		扶養義務者の所得年収
	全部支給される年収	一部支給される年収	
0人	19万円未満	192万円未満	236万円未満
1人	57万円未満	230万円未満	274万円未満
2人	95万円未満	268万円未満	312万円未満
3人	133万円未満	306万円未満	350万円未満

※扶養親族などの数が4人目以上は、1人につき所得年収の限度額が38万円加算されます。

扶養義務者とは、受給者本人と同居または生計を同じくする直系血族（父母、祖父母、子など）及び兄弟姉妹のこと。住民票上世帯が違っても、生計が同一の場合には扶養義務者とみなされます。

教育費のこと 03

夫の両親に援助を頼んでもいい？

自分の両親だけでなく、亡き夫の両親からも非課税で贈与が受けられる制度があります。

祖父母から資金の贈与を受ける場合は？

奨学金や教育ローンなどは、事実上借金となり、返済という課題が残ります。できるだけ借金はしたくないという場合は、子どもの祖父母に援助をお願いしてみるのもひとつの方法です。経済的に余裕があり、関係が良好であれば、自分の両親だけでなく、夫の両親にお願いしてもよいでしょう。

祖父母から孫に資金を贈与するときは「教育資金の一括贈与」または「暦年控除」を利用すると贈与税が非課税となります。

教育資金の一括贈与を利用する

平成31年3月までの間であれば、祖父母などから30歳未満の孫に対する教育資金贈与が、１５００万円まで非課税となります。この制度を利用するには、金融機関に教育資金口座を開設し、契約に基づき、金融機関が資金の使い道を管理することが条件です。

暦年課税の基礎控除制度を利用する

贈与税は1年間にもらった財産の合計から基礎控除額１１０万円を引いた額に課税されます。年間の贈与額が１１０万円以内であれば税金がかかりません。これを「暦年課税」といいます。この制度を利用して、毎年１１０万円ずつ援助してもらう方法もあります（暦年贈与）。贈与された資金の使い道にも制限がありません。

教育費
のこと
04

教育資金はどうしたら？

子どもがいる場合、もっともお金がかかるのが教育費です。資金をどう工面するか考えましょう。

学費の目安を知って計画的に準備する

夫が亡くなり、家計が不安定になったとき、もっとも困るのは教育費の問題です。子が何歳で、何人いるかによっても、この先必要な資金の額は変わってきます。

自分が何歳のときに、子どもの入学・進学があり、入学金や授業料がいくら必要か調べておきましょう。また兄弟がいるときは、お金がかかる時期が重なっていないかなどもチェックしてください。教育費の目安は、下記の表を参考にしてください。

教育費の目安

	公立	私立
幼稚園（3年間）	69 万円	146 万円
小学校（6年間）	183 万円	853 万円
中学校（3年間）	135 万円	389 万円
高　校（3年間）	116 万円	290 万円

※千円単位は四捨五入
給食費、学校外活動費などを含む。
（文部科学省「平成 24 年度子どもの学習費調査」より）

すべて公立なら……………トータル 503 万円

高校だけ私立なら…………トータル 677 万円

すべて私立なら……………トータル 1678 万円

さまざまな助成金や資金の貸付がある

夫の死亡保険金や、子どもの学資保険などがあれば、教育費をその範囲内でまかなう資金計画を立てましょう。

まとまったお金が手元にない場合や、資金不足のときは、国などが行っている、各種支援制度を活用しましょう。

「私立幼稚園就園奨励補助金」や「就学費援助制度」は入園・入学時ではなくても、年度の途中からなど随時、受け付けてもらえます。経済状況が困難になったらすぐに申請しましょう。

支援制度を利用できるかどうか、また利用できた場合に援助される金額などは、世帯の収入や子どもの人数により異なります。

◆ 主な教育関連の助成金 ◆

小・中学生

就学費援助制度

小中学生の保護者で、生活保護を受けているか、所得が一定基準以下で生活が困窮している場合に、給食費、学用品費、修学旅行費、クラブ活動費、PTA会費など、就学に関わる費用を、市区町村と国が援助します。
申請は、学校や居住地の市区町村役場で行えます。

幼稚園

私立幼稚園就園奨励補助金

私立幼稚園に満3歳で入園予定、または満3歳～5歳で通園している園児を対象に、幼稚園に申請すれば、園児 1 人あたり年額最高 30 万 8000 円の入学金・授業料の減免が受けられます。
減免額は親の市区町村民税所得割額と兄弟の年齢・人数により異なります。

高 校

私立高等学校授業料軽減助成金

私立の高校に通う生徒の保護者の経済的な負担を軽減するための制度で、高等学校等就学支援金の制度と併用できます。
生活保護世帯、または住民税が非課税か一定額以下の場合が対象です。
金額は自治体により異なりますが、東京都の場合最大 13 万 2000 円です。

高 校

高等学校等就学支援金

国公立および私立の高等学校に通う生徒に対する授業料の支援制度です。申請すると、子どもが通う高校に国から支援金が支給されます。
公立高校ならば、年間 11 万 8800 円。
私立の場合は、保護者の市区町村民税所得割額に応じて、最大 29 万 7000 円が支払われます。

教育費のこと 05

大学に進学させるには？

子どもを大学に進学させるためには大きな費用がかかります。資金不足を補う方法も考えておきましょう。

自宅から通うかどうかで費用に大きな差が

大学の学費は、国公立か私立か、理系か文系か、また自宅通学か自宅外通学かなどの個々の要件で、必要な資金が大きく変わります。もっとも費用がかかるのが、私立の理系で自宅外通学となった場合です。

夫が亡くなったために、子どもが進学を断念するという事態は避けたいものです。大学進学を考えるなら、できるだけ早めに学資保険に入るなり、積立定期預金を始めるなど、資金確保の対策をしましょう。

◆大学の学費、生活費の目安◆

（平成27年度）

	公立	私立	
		文系	理系
入学費用（受験料・納付金・入学金）	81.9万円	106.7万円	106.0万円
4年間の在学費用（授業料・通学費など）	375.6万円	568.8万円	712万円
トータル	457.5万円	675.5万円	818万円

自宅外通学の場合の仕送り額

年間124.9万円（月額10.4万円）×4年＝499.6万円

自宅外通学を始めるための費用

45.0万円

家を出ると4年間でさらに544.6万円が必要！

（日本政策金融公庫「教育費負担の実態調査結果」より）

各種の奨学金を利用する

大学進学費用を捻出できないときは、日本学生支援機構の貸与型奨学金を利用できます。借りる学生の成績要件や世帯収入により、無利息の第一種奨学金と、利息付きの第二種奨学金があります。またこれらに加えて、入学時に一時金を増額貸与する入学時特別増額も利用できます。２０１６年度からは「地方創生枠」が新設され、自治体と協力して、地方の大学などに進学し地方で就職した場合、奨学金の一部または全額の返済を免除する制度もあります。

このほかにも、大学、企業、地域などが独自に創設する奨学金もありますので、学校や役所などで情報を収集しましょう。

教育ローンを利用して子どもに負担をかけない

貸与型の奨学金で注意したいのは、将来子どもが返済義務を負うということです。

子どもに負担をかけたくない場合は、親が返済する教育ローンを利用する方法があります。なかでも金利が有利なのが、日本政策金融公庫の「国の教育ローン」です。融資額は子ども一人あたり３５０万円まで（外国の大学などに留学する場合は４５０万円まで）で、母子家庭、父子家庭で収入が一定以下の場合は、返済期間と利息の優遇制度があります。

また、国の教育ローンを返済するとき、利息の一部または全部を給付する制度を設けている自治体もあります。

奨学金の貸与月額

自宅通学者の場合（平成27年度）

	国公立大学	私立大学
第一種奨学金	4万5000円 または 3万円	5万4000円 または 3万円
第二種奨学金	3万円・5万円・8万円・10万円・12万円 のいずれか	

（日本学生支援機構より）

※ 第二種奨学金の利息については、申し込み時に以下の２種から選択する
1．利子固定方式…貸与終了時に決定した利率を、返還が終わるまで適用する
2．利息見直し方式…返還期間中、おおむね５年ごとに利息を見直す
いずれの方式を選択しても、最大利率は年率 3%

働く なら 01

夫の事業を引き継ぐなら

個人事業者として商売をしていた場合と、会社組織の場合では手続きが異なります。

個人事業は新規開業として手続きをする

生前、夫が個人で自営業などを行っていた場合は、その商売を引き継ぐか、たたむかという決断をしなければなりません。

個人事業を引き継ぐ場合は、屋号や業種が変わらなくても、いったん税務署に「廃業届」を出し、受け継ぐ人の名前で新規の「開業届」を出さなくてはなりません。

また、個人事業では事業で使う銀行口座が夫個人の名義になっていると、亡くなったときに凍結されてしまうので、注意が必要です。

事業に必要な資格を相続人も持っているか

夫の事業が税理士や弁護士などの資格が必要な場合や、建設業や宅建業などの許可がいる業種の場合、資格や許可の要件を満たさなければ事業は続けられません。

手続きに際して

個人事業を引き継ぐ相続人が提出する

▶必要なもの

□ 個人事業の開業・廃業届出書

▶届け先

納税地の税務署

▶期限

廃業・開業した日から1カ月以内

事業所得や消費税に関する手続きも行う

事業所得を青色申告で行っていた場合は、廃業届と一緒に「青色申告取りやめ届出書」も提出します。継続するときは、「青色申告承認申請書」を提出します。この書類は、1月15日までに事業を開始したときは、その年の3月15日までに、1月16日以降のときは、事業を開始した日から2カ月以内に提出しなければなりません。また、消費税の課税業者だった場合は「課税事業者選択届出書」の提出も必要です。

法人の経営権を継承するとき

　故人が株式会社など、法人のオーナーであった場合は、経営権を引き継ぐ人が、会社の株式の過半数を取得しなければなりません。会社の株式は、遺産分割の対象になるため、相続人のうち経営権を取得したい人が複数いると、もめごとになります。このような争いを防ぐには、生前に遺言書で経営権を引き継ぐ人を指定しておくとよいでしょう。

　故人から過半数の株式を相続し、会社の代表取締役に就任するときは、会社の所在地を管轄する法務局で「役員変更登記」の申請を行います。死亡による変更の場合は添付書類として「死亡届」も提出します。

会社に負債が残っていた場合には

　会社を引き継ぐときに注意したいのが、会社の負債です。経営者の夫が会社の借金の連帯保証人であった場合には、連帯保証人の地位も相続対象となります。

　相続放棄する方法もありますが、従業員などがいた場合には、給料の支払いなどの問題も残るため弁護士などの専門家に相談したほうがよいケースもあります。

手続きに際して

▶必要なもの

- □ 株式会社変更登記申請書
- □ 死亡届
- □ 臨時株主総会議事録
- □ 株主リスト
（平成 28 年 10 月以降必要）
- □ 就任承諾書
- □ 印鑑証明書（取締役全員）
- □ 印鑑届出書（新しい代表取締役の法人実印）
- □ 登録免許税（収入印紙）

▶届け先

会社の所在地を管轄する法務局

▶期限

死亡後 2 週間以内

働く
なら
02

就職活動をすることになったら？

子育てをしながら働きに出る場合は、家庭と仕事をうまく両立する必要があります。

就労条件と必要な収入金額を定める

今後の生活を安定させるため、就職を考える人もいるでしょう。

仕事を探すときは、まず、どのような条件であれば就労可能か考えてみましょう。

自分一人の生活でフルタイムで働ける場合もあれば、子育て中で、毎日働くことや残業のある仕事には就けないということもあります。また、毎月どのくらいの収入が必要かも考えなければなりません。労働条件や給料などの待遇をよく検討しましょう。

技術や資格の習得をしてからという方法も

自分の希望の仕事があっても、スキルや資格がなければ、採用してもらえないこともあります。その場合は、ハローワークの職業訓練講座（➡Ｐ１３１）を受講して技術を習得してから、就職する方法もあります。

母子家庭で条件により、受講料の2割が支給される「自立支援教育給付金」や、月額最大10万円の給付を受けながら看護師や介護福祉士の資格を取得できる「高等技術訓練促進費」が利用可能です。

◆ 就職を探す方法 ◆

ハローワーク

国が運営する公共職業安定所。母子家庭の母に対してきめ細かな職業相談を行う「マザーズハローワーク」も全国 21 カ所にあり、子育てと両立しやすい仕事を紹介してくれる。

自治体の支援事業

都道府県や市などの自治体に「母子家庭等就業・自立支援センター」を設置し、就業相談や求人情報の提供、就業準備や在宅就業のためのセミナーの開催などを行っている。

インターネットや求人広告

インターネットの求人サイトは、新しい情報が常に更新され、希望する条件で絞り込み検索ができる。また新聞や折込広告などに掲載される求人広告や、フリーペーパーなどもある。

働くなら…Q&A

今後の生計のために働かなければならなくなったら、子どもの面倒や就職活動はどうしたらよいのでしょうか。

Q 就職してフルタイムで働きたいが、子どもの世話はどうしたらいい？

A 保育園や学童に入れ親の協力を頼む

まずは、保育園、託児所、学童、などの預け先がないかを探しましょう。とはいえ、一人きりではいざというときの対応などは難しいもの。実家や義父母に協力を頼むのがベスト。近所に住むのが理想です。引っ越すか、または来てもらうとよいでしょう。

地域によっては、ひとり親向けの子育て支援制度を行っている自治体もあるので、ホームページなどで確認してみましょう。

Q 再就職したいがブランクが長くて自信がない…

A 職業訓練を受講してみましょう

ハローワークでは、無料で職業訓練を行っています。求職者を支援する「求職者支援訓練コース」には、さまざまなコースがあり、例えば下のような種類が用意されています。

ブランク後の勘を取り戻したい人だけでなく、今まで働いたことのない人や、新しい職に就きたい場合は、新しい技術を学ぶために利用してもよいでしょう。ただし、地域や時期によって開講されていない場合もあるので、事前に確認を。

ハローワーク職業訓練の例

基礎コース

- OA 事務基礎科
- パソコン基礎科
- ビジネス、パソコンスキル養成科
- パソコン事務基礎科

実践コース

<Web・開発系>

- Web サイト制作科
- Web サイトエンジニア養成科
- Web クリエーター科
- Web プログラミング科
- Web デザイナー養成科

<事務系>

- 経理・財務スタッフ養成科
- ファイナンシャルプランナー養成科
- 簿記経理科
- 事務経理科
- 人事・労務スタッフ科
- ビジネススキル養成科
- 経理・オフィス事務科
- 販売員養成科
- パソコン会計科

<医療・介護系>

- 医療事務科
- ホームヘルパー養成科
- 介護福祉サービス科
- 介護職員養成科

<その他>

- ネイリスト養成科
- アロマセラピスト養成科
- ハーブセラピスト養成科
- ウェディングプランナー養成科
- 日本語教師養成科
- フードコーディネーター養成科

など

◆ 母子・父子の福祉資金一覧 ◆

自治体によって条件や金額などは違いますが、母子家庭または父子家庭のための資金を貸してくれる制度があります。ただし、償還（返済）の計画を立てられることが貸付対象の条件となります。無理なく償還計画を立て、必ず償還しましょう。

資金の名称	貸付利用対象	貸付金の内容	貸付限度額	据置期間（貸付の日から）	償還期間（据置期間経過後）
就学支度資金 ※1、2	子 （20歳未満）	小学校、中学校に入学するために必要な資金（所得税非課税世帯の方）	小学校 **4万600円**	中学校卒業後 6カ月	20年以内 （専修学校一般課程は5年以内）
			中学校 **4万7400円**		
	子	高校、短大、大学、高等専門学校または専修学校に入学するために必要な資金 ※学校や取得している学歴により、貸付の対象外となる場合がある	専修学校（一般課程）または公立高等学校、専修学校（高等課程） **16万円**	貸付による 修学終了後 6カ月	
			私立の高等学校または専修学校（高等課程） **42万円**		
			国公立の大学、短期大学、高等専門学校または専修学校（専門課程） **38万円**		
			私立の大学、短期大学、高等専門学校または専修学校（専門課程） **59万円**		
		知識技能を習得させる施設であって、厚生労働大臣が定める就業施設へ入所するために必要な資金	**10万円**	貸付による 知識技能習得期間 満了後 6カ月	5年以内
修学資金 ※1、2、3	子	高校、短大、大学、高等専門学校または専修学校において修学するのに必要な資金 ※学校や取得している学歴により、貸付の対象外となる場合がある	学校の種類、学年、自宅か自宅外かによって異なる。 例：国公立の高等学校（自宅通学）は**2万7000円**・私立の高等学校（自宅通学）は**4万5000円**	貸付による 修学終了後 6カ月	20年以内 （専修学校一般課程は5年以内）
修業資金 ※3	子	子が事業を開始するためまたは就職するために必要な知識技能を習得するために必要な資金	知識技能を習得する期間中（5年以内） **月額6万8000円**	知識技能習得期間 満了後 1年間	6年以内
			高校3年在学時に就職を希望する子が、自動車運転免許を習得する場合**46万円**		
結婚資金	子	子の婚姻に際して必要な資金	**30万円**	6カ月	5年以内

東京都の貸付け（平成28年度版）

※1　貸付対象は、学校教育法に規定する高等学校及び大学等に限る。

※2　小学校には義務教育学校前期課程、中学校には義務教育学校後期課程及び中等教育学校の前期課程、高等学校には中等教育学校の後期課程を含む。

※3　高等学校、高等専門学校及び専修学校に就学中または、修業施設で知識技能習得中の児童が18歳に達する日以降の最初の3月31日に達したことにより、児童扶養手当等の給付を受けられなくなった場合、金額に児童扶養手当額を加算した額が貸付限度額となる。

資金の名称	貸付利用対象	貸付金の内容	貸付限度額	据置期間（貸付けの日から）	償還期間（据置期間経過後）
技能習得資金	母・父	事業を開始するため、または就職するために必要な知識技能を習得するために必要な資金	知識技能を習得する期間中（5年以内）月額6万8000円 自動車運転免許を習得する場合46万円	知識技能習得期間満了後1年間	20年以内
医療介護資金（医療分）	母・父 子（20歳未満）	医療を受けるために必要な資金（ただし医療を受ける期間が1年以内と見込まれる場合）	34万円 特別（所得税非課税世帯の方）48万円	医療または介護を受ける期間満了後6カ月	5年以内
医療介護資金（介護分）	母・父	介護保険によるサービスを受けるために必要な資金（ただし介護を受ける期間が1年以内と見込まれる場合）	50万円		
生活資金（技能習得期間中）	母・父	技能習得期間中（貸付期間5年以内）の生活を維持するために必要な資金	月額14万1000円	技能習得期間満了後6カ月	20年以内
生活資金（医療介護期間中）	母・父	医療・介護を受けている期間中（ただし医療・介護を受ける期間が1年以内と見込まれる場合）の生活を維持するために必要な資金	月額10万3000円（生計中心者でない場合6万9000円）	医療・介護期間満了後6カ月	5年以内
生活資金（生活安定貸付）	母・父	母子または父子家庭になって7年未満で生活の安定を図るために必要な資金（貸付期間3カ月以内）	月額10万3000円（生計中心者でない場合6万9000円）	生活安定貸付期間満了後6カ月	8年以内
生活資金（失業期間中）	母・父	失業している期間中の生活を維持するために必要な資金（ただし離職した日の翌日から1年以内）	月額10万3000円（生計中心者でない場合6万9000円）	失業貸付期間満了後6カ月	5年以内
住宅資金	母・父	自己所有の住宅の建設、購入および現に居住する住宅の増改築・補修または保全に必要な資金	150万円 災害、老朽等200万円	6カ月	6年以内 7年以内
転宅資金	母・父	転宅に必要な敷金・前家賃・運送代にあてるための資金	26万円	6カ月	3年以内
事業開始資金	母・父・母子父子福祉団体	事業を開始するのに必要な設備費・什器・機械などの購入資金	283万円	1年	7年以内
事業継続資金	母・父・母子父子福祉団体	現在営んでいる事業を継続するために必要な商品や材料等を購入する資金	142万円	6カ月	7年以内

夫の親族
との関係
01

夫の親族との関係を解消する

亡き夫の両親や親族との関係を解消するには、関係を終了させる手続きが必要です。

「姻族関係終了届」を提出する

夫が亡くなった後も、夫の両親や兄弟姉妹などとは、法律上「姻族」という親族関係が続きます。

姻族との関係は、夫の死によって自動的に終了することはなく、その後の姻族関係は妻の意思で自由に決めることができます。

夫の親族との関係が良好で姻族を続けるのであれば、子どもの養育費などの経済的な援助や、子どもの面倒を見てもらえるなどのメリットがあります。

もし、姻族関係を解消する場合は、市区町村役場への「姻族関係終了届」の提出が必要です。なお、その際、届け出に相手方の同意はいりません。

子どもと、夫の親族との関係は変わらない

姻族関係終了届の手続きが済むと、義父母への扶養義務はなくなりますが、戸籍はそのまま残ります。相続した財産や遺族年金の受給にも影響はなく、子どもと夫の親族との関係も今まで通りです。

ただし、この届け出をきっかけに、親族との関係が悪化し、経済的な援助だけでなく、子どもの相続問題に発展することもあるので注意が必要です。

なお、戸籍も別にしたいときは、「復氏届」（➡Ｐ１３７）を提出し旧姓に戻す必要があります。子どもの戸籍や姓も変更したいときは、家庭裁判所への申し立てが必要です（➡Ｐ１３８）。

手続きに際して

▶必要なもの

□ 姻族関係終了届
□ 配偶者の死亡がわかる戸籍謄本
□ 印鑑

▶届け先

届出人の本籍地または住所地の市区町村役場

姻族関係終了届の書き方

姻族関係終了届

平成 28年 12月 20日届出

新宿区 長 殿

受理 平成 年 月 日 第 号	発送 平成 年 月 日		
送付 平成 年 月 日 第 号	長印		
書類調査	戸籍記載	記載調査	

（よみかた）	おおいずみ	なつ み
姻族関係を終了させる人の氏名	氏 大泉	名 夏美　昭和45年 8月 8日生
住所（住民登録をしているところ）	東京都新宿区矢来町６丁目1010 番地 番 号	
	世帯主の氏名 大泉夏美	
本籍	東京都新宿区矢来町６丁目1010 番地 番	
	筆頭者の氏名 大泉春夫	
死亡した配偶者	氏名 大泉春夫	平成28年 10月 31日死亡
	本籍 東京都新宿区矢来町６丁目1010 番地 番	
	筆頭者の氏名 大泉春夫	
その他		
届出人署名押印	大泉夏美	大泉（印）

字訂正 字加入 字削除	
届出印	

日中連絡のとれるところ

電話（ 03 ）×××× ××××

自宅 勤務先 呼出（ 方）

本籍

届出を提出する人の本籍を記入します。世帯主と違い、本籍の筆頭者は、亡くなっても夫のままです。

婚族関係を終了させる人の情報

現在の氏名と住所を記入します。引っ越しして住民登録を変えていたら、新しい住所を書きます。

夫の親族との関係 02

旧姓に戻りたい

結婚時に夫の姓を選択した人が、夫の死後旧姓に戻すときは役所での手続きが必要です。

役所に「復氏届」を提出する

夫が亡くなった後、市区町村役場に「復氏届」を提出すれば、いつでも結婚前の姓に戻すことができます。提出期限はありません。

もし、亡くなった夫の親族との関係が良好であれば、姓を戻す必要はないでしょう。もし、子どもがなく、もう一度結婚をと考えるのであれば、旧姓に戻してもよいかもしれません。

「復氏届」を提出すると、結婚前の戸籍に戻るか、新しい戸籍を作るかのいずれかを選ぶことができます。ただし、両親が亡くなるなどして、すでに結婚前の戸籍がない場合は、新戸籍が編成されます。

旧姓に戻っても夫の親族との関係はそのまま

「復氏届」を提出して旧姓に戻っても、亡くなった夫の両親や、兄弟姉妹などとの姻族関係は続きます。

夫の親族との関係を終了させるには「姻族関係終了届」（➡Ｐ１３５）を提出してください。

「復氏届」や「姻族関係終了届」を提出しても、相続財産や遺族年金の受給には影響がありません。

親が旧姓に戻っても、子どもの姓は変更されません。子どもも自分と同じ姓に変更したいときには、家庭裁判所の許可が必要です。詳しい手続きの方法は、１３８ページを参照してください。

手続きに際して

▶必要なもの

- □ 復氏届
- □ 戸籍謄本
（結婚前の姓に戻る場合、実家の戸籍謄本も必要）
- □ 印鑑

▶届け先

届出人の本籍地または住所地の市区町村役場

復氏届の書き方

復氏する人の情報

現在の氏名と住所を記入します。世帯主は、夫の死亡届を出した時点で、たいていの場合、妻に変わっています。

復　氏　届

平成 28 年 12 月 20 日届出

新宿区 長 殿

受理 平成 年 月 日 第 号				発送 平成 年 月 日		
送付 平成 年 月 日 第 号				長印		
書類調査	戸籍記載	記載調査	附票	住民票	通知	

（よみかた） 復氏する人の氏名	おおいずみ 氏 大泉	なつみ 名 夏美	昭和45年 8月 8日生
住所 （住民登録をしているところ）	東京都新宿区矢来町６丁目1010 番地 番 号 世帯主の氏名 大泉夏美		
本籍	東京都新宿区矢来町６丁目1010 番地 番 筆頭者の氏名 大泉春夫		
復する氏 父母の氏名 父母との続き柄	氏（よみかた） あおやま 青山	父 太郎 母 花子	続き柄 長 □男 ☑女
復氏した後の本籍	☑もとの戸籍にもどる □新しい戸籍をつくる 千葉県浦安市幸浜1丁目10 番地 番	（よみかた） あおやまたろう 筆頭者の氏名 青山太郎	
死亡した配偶者	氏名 大泉春夫	平成28年 10月 31日死亡	
その他			
届出人署名押印	大泉夏美		

字訂正 字加入 字削除
届出印

住定年月日 ・ ・

日中連絡のとれるところ

電話（ 03 ）×××× ××××

自宅 勤務先 呼出（ 方）

本籍

届出時点の本籍を書きます。世帯主と違い、本籍の筆頭者は、亡くなっても夫のままです。

届出人

届出時点では、まだ姓は変わっていないので、結婚時の氏名を記入します。

復氏しようとしている氏

結婚前の氏に戻るので、旧姓と両親の名を記します。

夫の親族との関係 03

子どもを旧姓に戻すなら？

自分の姓を旧姓に戻した後、子どもの姓も変更するには家庭裁判所で許可をもらいます。

まずは家庭裁判所への申し立てが必要

夫の死後、妻が旧姓に戻し戸籍を編成しても、子どもの姓や戸籍は変更されません。自分を旧姓に戻し戸籍も移すのであれば、子どもも一緒に旧姓に戻し、同じ戸籍に入れたほうが、手続きは一度で済みます。ただし、子どもの姓が変わった後の、学校などでの友だちとの関係には配慮が必要です。

子どもを自分と同じ姓に変更し、戸籍に入れるには、まず、子どもの住所地を管轄する家庭裁判所に「子の氏の変更許可申立書」を提出します。子どもが15歳未満のときは親権者が申立人となり、15歳以上のときは、子ども本人が申立人となります。

子の戸籍を移動するには役所に「入籍届」を提出

家庭裁判所で子どもの姓の変更が許可された後は、家庭裁判所から交付された「変更許可審判書」を添えて、市区町村役場に子どもの「入籍届」を提出しましょう。

この手続きをしたとき、子どもが未成年だった場合は、子どもが成年に達してから1年以内であれば、市区町村役場に入籍届を出すだけで、再び父の戸籍に戻し、父の姓を名乗ることもできます。

手続きに際して

子の氏の変更許可申立書

▶必要なもの

- □ 子と氏の変更許可申立書
- □ 母と子の戸籍謄本
- □ 収入印紙
  子１人につき800円

▶届け先

子どもの住所地を
管轄する家庭裁判所

入籍届

▶必要なもの

- □ 子の氏の変更許可
  審判書謄本
  （家庭裁判所から交付）
- □ 入籍届
  （子ども１人につき１通。
  15歳以上は本人の
  署名・押印が必要）
- □ 戸籍謄本　□ 印鑑

▶届け先

子どもの本籍地または
届出人の住所地の
市区町村役場

子の氏の変更許可申立書 の書き方 ①

法定代理人
子どもが15歳未満のときは、代理人が申し立てます（この場合は親権者）。15歳以上なら、本人が申立人になります。

申立人
子どもの情報を記入します。氏の変更をしたい子どもがほかにもいたら、下の欄に書き入れます。

法定代理人
親権者の情報を記入します。15歳以上の子どもが申し立てる場合は、記入する必要はありません。

受付印	子 の 氏 の 変 更 許 可 申 立 書
収入印紙　円 予納郵便切手　円	（この欄に申立人１人について収入印紙800円分を貼ってください。） 収入印紙 見本 200円　収入印紙 見本 600円 （貼った印紙に押印しないでください。）

準口頭		関連事件番号　平成　年（家　）第　号

東京 家庭裁判所 御中 平成 28 年 12月 20日	申立人 （１５歳未満の場合は法定代理人） の記名押印	大泉冬子の法定代理人 青山夏美　㊞（青山）

添付書類	（同じ書類は１通で足ります。審理のために必要な場合は，追加書類の提出をお願いすることがあります。） ☑ 申立人（子）の戸籍謄本（全部事項証明書）　□ 父・母の戸籍謄本（全部事項証明書） □

申立人（子）	本籍	東京 ㊜都 道 府 県　新宿区矢来町６丁目1010	
	住所	〒 162－0805　電話 03（××××）×××× 東京都新宿区矢来町６丁目1010（　方）	
	フリガナ 氏名	大《オオ》泉《イズミ》冬《フユ》子《コ》	昭和 (平成) 17年 1月 10日生（11歳）
	本籍 住所	※　上記申立人と同じ	
	フリガナ 氏名		昭和 平成　年　月　日生（　歳）
	本籍 住所	※　上記申立人と同じ	
	フリガナ 氏名		昭和 平成　年　月　日生（　歳）
☆ 法定代理人（父・(母)　後見人）	本籍	千葉　都 道 府 (県)　浦安市幸浜１丁目10	
	住所	〒 279－9900　電話 03（××××）×××× 千葉県浦安市幸浜１丁目10（　方）	
	フリガナ 氏名	青《アオ》山《ヤマ》夏《ナツ》美《ミ》	フリガナ 氏名

（注）　太枠の中だけ記入してください。　※の部分は，各申立人の本籍及び住所が異なる場合はそれぞれ記入してください。　☆の部分は，申立人が１５歳未満の場合に記入してください。

子の氏（1/2）

(942010)

＜１枚目＞

子の氏の変更許可申立書の書き方 ②

現在の姓

子どもの現在の名字を記入します。

選択する姓

子どもが移動したい先の戸籍を選択して○をつけます。

移動先の姓

移動先の戸籍の名字を書きます。もしも、現在の名字と同じであっても記入します。

申　立　て　の　趣　旨
※ 申立人の氏（ 大泉 ）を ①母　2 父　3 父母 の氏（ 青山 ）に変更することの許可を求める。

（注）　※の部分は，当てはまる番号を○で囲み，（　）内に具体的に記入してください。

申　立　て　の　理　由	
父・母と氏を異にする理由	
※ 1 父母の離婚 2 父・母の婚姻 3 父・母の養子縁組 4 父・母の養子離縁	5 父の認知 ⑥ 父(母)死亡後，母(父)の復氏 7 その他（　　　）
（その年月日　平成 28年 12月 20日）	
申　立　て　の　動　機	
※ ① 母との同居生活上の支障 2 父との同居生活上の支障 3 入園・入学 4 就職	5 結婚 6 その他（　　　）

（注）　太枠の中だけ記入してください。　※の部分は，当てはまる番号を○で囲み，父・母と氏を異にする理由の7，申立ての動機の6を選んだ場合には，（　　）内に具体的に記入してください。

申し立ての理由

該当するものに○をつけます。

＜２枚目＞

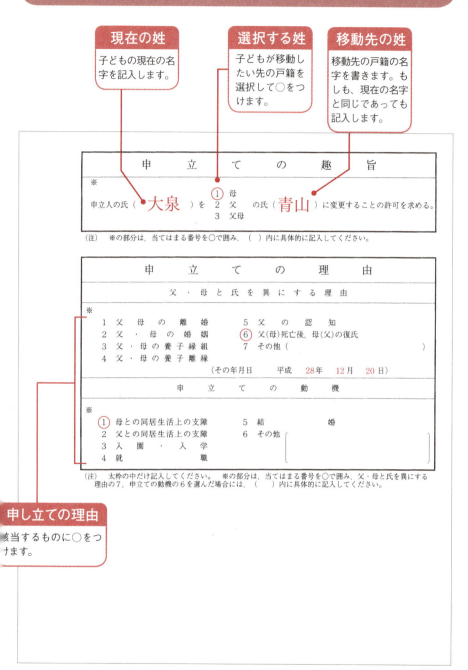

入籍届の書き方

入籍する人の氏名

子どもの氏名を記入します。

本籍

変更前の本籍を記します。筆頭者は、亡くなっても夫になります。

入籍する戸籍

母親がすでに両親の戸籍に戻っている場合は「すでにある戸籍にはいる」をチェック。母親が新戸籍を作っている場合は「母の新戸籍にはいる」をチェックします。どちらにチェックしても、母親の両親（祖父母）の戸籍に子ども（孫）は入れないので、母親が筆頭となった新戸籍になります。

父母の氏名

入籍者の両親の氏名を記入します。

届出人

入籍者が 15 歳未満のときは、親権者が届出人になります。

入　籍　届

平成 28年 12月 20日届出

浦安市長　殿

受理 平成　年　月　日 第　号	発送 平成　年　月　日
送付 平成　年　月　日 第　号	長印

書類調査	戸籍記載	記載調査	附票	住民票	通知	

(1)	（よみかた）入籍する人の氏名（変更前の氏名）	氏 大泉《おおいずみ》　名 冬子《ふゆこ》　平成17年 1月 10日生
(2)	住所（住民登録をしているところ）	千葉県浦安市幸浜1丁目10 ㊞番地 番　号 世帯主の氏名 青山夏美
(3)	本籍（変更前の本籍）	東京都新宿区矢来町６丁目1010 ㊞番地 番 筆頭者の氏名 大泉春夫
(4)	入籍の事由	□父 □養父 ☑母 □養母 □父母 □養父母 の氏を称する入籍　□父 □養父 □母 □養母 □父母 □養父母 と同籍する入籍 □従前の氏を称する入籍（従前の氏を改めた年月日　年　月　日）
(5)	入籍する戸籍または新しい本籍	□すでにある戸籍にはいる　☑父または母の新戸籍にはいる　□新しい戸籍をつくる 千葉県浦安市幸浜1丁目10 ㊞番地 番　筆頭者の氏名 青山夏美《（よみかた）あおやまなつみ》
(6)	父母の氏名 父母との続き柄	父 大泉春夫　母 青山夏美　続き柄 長 □男 ☑女
	その他	
	届出人署名押印	青山夏美 ㊞

字訂正 字加入 字削除　届出印

届出人（入籍する人が十五歳未満のときの届出人または配偶者とともに届け出るときの配偶者が書いてください。届出人となる未成年後見人が３人以上のときは、ここに書くことができない未成年後見人について、その他欄又は別紙（様式任意。届出人全員の契印が必要）に書いてください。）

資格	親権者（□父□養父）□未成年後見人 □配偶者	親権者（☑母 □養母）□未成年後見人
住所	(2) と同じ　番地 番　号	(2) と同じ　番地 番　号
本籍	(5) と同じ　番地 番　筆頭者の氏名	(5) と同じ　番地 番　筆頭者の氏名 青山夏美
署名押印	印	青山夏美 ㊞
生年月日	年　月　日	昭和45年 8月 8日

住定年月日　・　・

日中連絡のとれるところ
電話（ 03 ）×××× ××××
自宅 勤務先 呼出（　　方）

※母がすでに復氏している場合

人間関係Q&A

夫が亡くなった後、旧姓に戻る場合にもさまざまな問題が考えられます。今後の義父母とのつきあい方も考えていきましょう。

Q 子どもと旧姓に戻りたいが、義両親は、子どもは渡さないと言い張ります…

A 法的には問題ないが道義的な問題が残る

夫の戸籍から抜けて、旧姓に戻る場合は、「姻族関係終了届」と「復氏届」を役所に提出すればよく、相手方の親族の同意も必要ありません。また、子どもの姓も家庭裁判所に申し立てれば変更できます。ただし、子どもは、義父母が亡くなったとき義父母の財産を相続する権利があります。あまりにもめると、子どもに不利益が及ぶ可能性もあるので、穏便に話し合うことが重要です。

Q 自分は旧姓に戻りたいが子どもの名字はそのままでいさせたい…

A 「子の氏の変更届」を申し立てなければ可能

役所に「姻族関係終了届」と「復氏届」を提出しても、家庭裁判所に「子の氏の変更許可」を申し立てなければ、子の姓は変わらず、親子で別々の姓を名乗ることができます。

自分が旧姓に戻っても、子どもが姓を変えたくないと希望する場合もあります。できる限り、子どもの意見も尊重してあげるとよいでしょう。

特集

もしものときに備えて家族のためにできること

家族の基本情報を共有・整理しておく

遺族にとって、故人に関する必要な情報を探し出す作業は、大変手間がかかるものです。残された家族が困らないよう、生前から家族でさまざまな情報を共有しておきましょう。

亡くなった後に〝知らないこと〟がないように

家族が亡くなったとき、遺族は悲しみの中、その後の生活の立て直しに奔走しなければなりません。各種手続きなどでは、故人の情報が必要になるものも多く、家族間で情報が共有できていない場合、まずはその情報を探すことから始めなくてはなりません。

いざというとき、残された家族の負担を少しでも減らすために、日頃から、どこに何を保管しているかという情報を話し合っておくことをおすすめします。

共有しておきたい家族の基本情報

記号番号・保管場所を知っておく

- □ 健康保険証
- □ 運転免許証
- □ パスポート
- □ マイナンバーカード
- □ 年金手帳

カード番号・暗証番号・保管場所を知っておく

- □ 銀行口座
- □ クレジットカード
- □ 電子マネー

保険の契約内容を知っておく

- □ 自動車・バイク保険
- □ 生命保険・損害保険

→会社のつきあいなどで個人でかけているものがないか?

携帯電話やパソコンの情報について知っておく

- □ 携帯電話　→使用時の暗証番号や契約内容など
- □ パソコン

→ログイン ID とパスワード、プロバイダ契約、各 SNS やブログの取扱いについて

※暗証番号やパスワードなどはメモにまとめておき、死後に遺族が見つけやすい所に保管しておくとよい。

携帯電話やパソコンなど解約や処分について

家族が亡くなると、財産の相続だけでなく、故人が使っていた身の回りの品や日用品などの処分をどうするかという問題もあります。

最近は、ほとんどの人が仕事やプライベートで携帯電話やパソコンを使っています。これらは通信契約やプロバイダ契約を解約するだけでなく、データやＩＤ、パスワード、個人情報をどうするかも話し合い、消去してほしい情報があれば、伝えておいたほうがよいでしょう。また、会員登録をしているショッピングサイトなどの情報も共有しましょう。有料サービスに登録している場合は、退会方法も確認しておく必要があります。

個人のＳＮＳやネットサービスについて

フェイスブック、ツイッターなどのＳＮＳやブログを利用している場合も、亡くなった後、アカウントをどうするか、また、生前投稿した記事を残すか否かを決めておくとよいでしょう。家族が思い出として残したいと思っても、本人は削除してほしいと思うかもしれません。

フェイスブックには、死後本人に代わってアカウントの管理や削除ができる追悼アカウント管理人システムがあります。またツイッターでは家族などが申請すればアカウントや過去の投稿を削除してもらえます。そのほかのブログも各運営会社に、手続きを確認し、まとめておくとよいでしょう。

現在の財産を調べる

亡くなったときに慌てないために、自分たちの財産について生前から整理しておきましょう。権利書や契約書、領収書などは失くさないよう保管する場所を決めて大切に管理しましょう。

大切な書類はきちんと管理する

多くの人は、亡くなるまで自分たちの財産に無頓着です。不動産などの大きな買い物をしても、権利書や契約書などを失くしてしまう人さえいます。

また、口約束でお金の貸し借りをしたり、友人や親類に気軽に高価なものをあげたりする人もいます。このような行為が、死後トラブルとなるケースもあります。

家族に無用な問題を残さないためには、大事な書類はきちんと保管し、お金の貸し借りは借用書などの書面に残すこと。また多少価値のあるものをあげたりもらったりしたときは、覚書などを残しておくことをおすすめします。

プラスとマイナスの財産を書き出す

もしものときに、どのような財産がどれだけあるかすぐにわかるようにしておくことも大切です。現時点で、土地、建物、自動車、預貯金はどれくらいあるか、また、ローンや借金などはどれくらいあるか、返済のめどは立っているかなど、一覧表に書き出しておくとよいでしょう。

書き出すべき項目と内容

財産

	項目	具体例	書き出す内容
1	不動産	土地、建物	所在地、種類、面積、評価額（固定資産税評価額）
2	動産	自動車、高価な貴金属、骨董品、着物など	購入額または評価額
3	預貯金	普通預金、定期預金	金融機関、支店、種類や口座番号、残高
4	株式・投資信託	株、投資信託、国債ファンド	銘柄、数、平均株価、傾向

負債（マイナスの財産）

	具体例	書き出す内容
1	住宅や車のローン、クレジットカードローン、連帯保証人契約など	残債務と毎月の返済額
2	税金、家賃や医療費の未払いなど	未払い金額

◆ 財産・負債一覧表記入例 ◆

平成28年○月×日作成

財産

1　不動産

土地・建物	所在・地番	種類	面積	備考
土地	新宿区矢来町6丁目 1010番地	宅地	100㎡	
建物	新宿区矢来町6丁目 1010番地	軽量鉄骨 2階建て	85㎡	

2　動産

品目	内容	スペック	金額	備考
腕時計	○○社　1996年製 ○○モデル		500,000円	
バイク	△△社　2013年製 △△-△モデル	250cc	340,000円	走行距離 15,650km
絵画	「□□□」　□□□□作	油彩　8号	150,000円	証明書有り

3　預貯金

種別	銀行・支店名	口座番号	金額	備考
普通預金	○○銀行　○○支店	123456	1,502,230円	
普通預金	△△銀行　△△支店	987456	232,846円	
定期預金	□□銀行　□□支店	048689	2,500,000円	

4　株式・投資信託

種別	銀行・ 証券会社	所有銘柄	株式番号等	数量	備考
上場株	○○証券 ○○支店	○○ 薬品		10,000株 口	時価　200万円、 値上がり中
投資信託	△△銀行 △△支店	△△ ファンド	33352486	株 1,500,000口	時価　65万円、 暴落中

負債

種別	借入先	毎月の支払い	残債務額	備考
住宅ローン	○○銀行 ○○支店	月15万円、 ボーナス払い50万	約5,000,000円	土地・家
クレジット	△△△ クレジット	月8万	約900,000円	

生命保険の契約内容を確認する

死亡保険金は、受け取り時に「相続税」「所得税」「贈与税」のいずれかが課税されます。契約内容と税金の詳細については、１０８ページを参照してください。

契約者と受取人によって税金の種類が異なる

死亡保険金は、契約者（保険料を払う人）も被保険者も夫で、受取人が相続人である妻か子である場合は、「みなし相続財産」として、５００万円×法定相続人の数分の税額控除が受けられます。そのため、非課税になるケースも多いのです。加入している生命保険を確認し「契約者と被保険者が同一か」「受取人が相続人か」を確認しましょう。被保険者の同意があれば、契約者・受取人を変更することができます。

◆ 課税対象額算出のための計算例 ◆

◯家族構成：夫、妻、子ども（1人）
◯死亡保険金：2,500万円　◯支払った保険料：180万円

相続税の場合

みなし相続財産として500万円×法定相続人数まで非課税となる

例）500万円×2人＝1,000万円（非課税）
2,500万円－1,000万円＝1,500万円
➡ **1,500万円が課税対象**

所得税＋住民税の場合

受け取った保険金から支払った保険料と一時所得の特別控除50万円を差し引き、さらに1/2にした金額が課税対象となる

例）2,500万円－（180万円＋50万円）＝2,270万円
→ **一時所得の金額**
1,450万円÷2＝1,135万円　➡ **1,135万円が課税対象**

贈与税の場合

妻から子どもへの贈与として「贈与税」がかかる。受け取った保険金から「支払った保険料」と「贈与税基礎控除額110万円」を差し引いた金額が課税対象となる

例）2,500万円－（180万円＋110万円）＝2,210万円
➡ **2,210万円が課税対象**

いざというときの連絡先を把握する

もしものときに、連絡をしなければならない親族や関係者の情報も家族間で共有しておきましょう。電話番号やメールアドレスをリストにしておくと便利です。

両親から勤務先まで連絡を取るべき人を整理

家族や自分が危篤になったときや、亡くなったときは、知らせるべき人にもれなく連絡が取れるように準備しておくことも大事です。

両親や子ども、親戚はもちろんですが、会社の関係者にも連絡する必要があります。また、友人や学生時代の恩師など、どのような人に連絡してほしいかを確認しましょう。

緊急の場合であってもきちんと連絡ができるよう、連絡すべき人たちのリストを作成しましょう。

危篤、または亡くなったときに連絡すべき人たち

会社員の場合

- 直属の上司
- 人事担当者
- 同僚

家族

- 両親や兄弟
- 子どもが通う学校の担任教師
- 親戚

自営業の場合

- 共同経営者
- 社員やパート

友人・知人

- 幼なじみ
- 学生時代の友人
- 現在の友人
- 近所の人々

葬儀方法や費用について考えてみる

近親者が亡くなると、慌てて高い葬儀費用のプランを契約し、葬儀社とトラブルになることもあります。

葬儀の希望や予算について情報を集めておくことも必要です。

慌てて失敗しないよう 葬儀について考えておく

自分自身、または家族が亡くなった場合、どのような葬儀を行い、それを誰が取り仕切るのかを少ない時間のなかで決めないといけません。葬儀社に言われるがまま慌ててプランを決めてしまい、予想以上に費用がかかったとなる場合もあります。それが遺族や故人の希望にそったものであればよいですが、できれば先にどんな葬儀にしたいか、事前に考えて家族と話し合っておくとよいでしょう。

葬儀について考えておくべきこと

自分の葬儀について具体的な希望がある場合はメモなどに書き出して、
遺族の見つけやすい所に残しておきましょう。

●宗教

・葬儀を行う際の宗教や宗派をどうするか？

（　　　　　　　　　　　　　　　　　　　　　　　　）

・菩提寺がどこなのか？

（　　　　　　　　　　　　　　　　　　　　　　　　）

●葬儀内容

・葬儀の規模や会場はどうするか？

（　　　　　　　　　　　　　　　　　　　　　　　　）

・祭壇や棺にお金をかけるかどうか？

（　　　　　　　　　　　　　　　　　　　　　　　　）

●人間関係

・葬儀に関わってほしい人は？

（　　　　　　　　　　　　　　　　　　　　　　　　）

・喪主、準備を取り仕切ってほしい人

（　　　　　　　　　　　　　　　　　　　　　　　　）

・挨拶をお願いしたい人

（　　　　　　　　　　　　　　　　　　　　　　　　）

・葬儀に呼んでほしい人、呼んでほしくない人

（　　　　　　　　　　　　　　　　　　　　　　　　）

葬儀方針を決めてから葬儀会社を探す

葬儀のプランは亡くなってからバタバタと決めるのは大変です。悲しみのために冷静さを失い、自分の希望する葬儀とかけ離れたイメージの式になっては後悔が残ります。

自身が、あるいは家族が、どのような葬儀を行うとよいか検討し、家族に伝えておきましょう。葬儀の方針が決まったら、葬儀社を選んでおくのも安心です。

最近は、一般的な葬儀のほかに「家族葬」などの小規模な式や、通夜と葬儀を一日で行う「一日葬」、火葬のみの「直葬」など、費用も安く簡略な葬儀の形もあります。

一方で、故人の生前の趣味や個性を反映させた「音楽葬」や「お別れ会」などの多様な葬儀も行われています。

すでに葬儀社の互助会の会員になっている場合は、事前に予算やプランを相談しておけば、もしものときも慌てずに準備ができます。

葬儀の種類と費用の目安

宗教葬儀	僧侶などの宗教者を呼び、宗教宗派のルールにそったやり方で通夜、葬儀・告別式を行う一般的な葬儀。宗教によっての値段の差はあまりないが、祭壇や供花、料理、香典返しなどの選択で金額が大きく異なる。	150〜200万 ※会葬者100人程度
一日葬	通常、通夜と葬儀・火葬を二日に分けて執り行うが、通夜を省いて一日で済ませてしまう葬儀形式。通夜を行わない分、弔問など人の出入りが抑えられるため、喪主や遺族の負担も軽くなる。	50〜100万
家族葬	家族のみという場合もあるが、一般的には遺族、親戚、親近者など20〜30人程度の少人数で行う葬儀のことを指す。食事や香典返しなどをなくすことができるため、比較的安くで行うことができる。	30〜80万
直葬	通夜、葬儀・告別式を行わず、遺体を直接火葬場へ運び、火葬・拾骨のみですませる方法。火葬場に僧侶などに来てもらい別れの儀式を簡単に行うこともあるが、別途費用が必要となる。	20〜30万
自由葬	一般的な形式にとらわれず、故人にちなんだ演出などを取り入れ、その人らしさが偲ばれる葬儀を行うが、内容によっては一般葬よりも高くついてしまう場合がある。	内容によって異なる

家族のために遺言書を残す

財産のあるなしに関わらず、「遺言書」を残しておくことで、親族間の思わぬ争いを防ぐことができます。

遺言書には残された家族を助けるメリットがいくつもある

「遺言書」は莫大な財産を持っているような限られた人が残すもの、というイメージがあります。しかし、資産の総額の多い少ないに関わらず、遺言書を書いておいた方がよいケースがほとんどです。

たとえば、持ち家などの分割しにくい財産があるとき、事業をしていて家族以外の人に会社を任せたいとき、また、夫と事実婚で法律上の相続権がないとき、夫婦間に子どもがなく、相続人が妻と夫の両親や兄弟姉妹になるときなどは、相続人同士や関係者の間で、遺産をめぐる争いが起こることがあります。

このような場合、遺言書で誰にどの財産を相続させるか指定しておくことで、トラブルを避けることができるのです。財産を引き継がせる相手を自分の意思で自由に決められるので、家族の中でも、自分の介護などで手を煩わせた人に多めに財産を分けるということもできます。また、不動産の移転登記も遺言書があれば、相続人全員の印鑑登録証明書や戸籍などを集める必要もなくなり、手続きが楽になります。

「自筆証書遺言」と「公正証書遺言」の違い

遺言書には「自筆証書遺言」「公正証書遺言」「秘密証書遺言」の3種類があります。このなかで一般的なのは「自筆証書遺言」と「公正証書遺言」です。「自筆証書遺言」は文字通り自分で書く遺言書で、手書きで日付を記し署名押印します。ワープロや代筆だと無効になります。「公正証書遺言」は、証人2人以上の立会いのもと公証人が遺言者の言葉を筆記します。遺言者の実印が必要で、原本が公証役場に保管されます。

◆自筆証書遺言と公正証書遺言の違い◆

	自筆証書遺言	公正証書遺言
手書き	必ず手書きのものを用意	不要
費用	ほとんどかからない	公証役場手数料＋承認依頼費用
証人	不要	必要（2名以上）
保管	規定なし	・原本は公証役場にて保管 ・写しは本人または推定相続人、受遺者、遺言執行者が保管
内容	本人だけの秘密にできる	公証人が内容を把握
紛失・変造	紛失や変造の可能性がある	・紛失した場合、再発行が可能 ・変造の可能性はない
検認	必要（家庭裁判所）	不要
メリット	・簡単に作成が可能 ・費用がかからない ・気軽に内容をつくり直すことができる	・遺言書が無効になる可能性が低い ・原本は公証役場に保管されているため、写しを紛失しても再発行が可能 ・家庭裁判所での検認が不要
デメリット	・勝手に開封すると、無効となる ・法律に反していたり、内容が曖昧な場合は無効になる可能性が高い ・必ず家庭裁判所で検認を受ける必要があり、遺族の相続手続きに時間がかかる（2〜3ヶ月程度）	・数万円〜20万円程度の費用がかかる ・公証人への依頼や事前準備など、手間がかかる ・遺言書の証人が2名以上必要

自筆遺言書の基本

いつでも自由に書ける自筆証書遺言ですが、書き方を守らないと無効になることもあります。

自筆遺言書で絶対に守るべきこと

自筆証書遺言のメリットは、内容や存在を他人に知られることがなく、費用もかからず簡単に作成できることです。その反面、紛失や変造される恐れがあったり、書き方を間違えると無効になることもあります。

自筆証書遺言を書く用紙やペンに制限はありません。しかし、鉛筆や消せるボールペンなど改変されやすい筆記用具で書くのは避けましょう。またパソコンで作成したものは無効になります。

押印について

全文の最後に、日付を「何年何月何日」と書き、氏名を自署し、押印。印鑑は認印でも有効ですが、実印だとより変造を防ぐことができます。さらに、実印の印鑑証明書をつけておくと、よいでしょう。

遺言執行者を指定する

遺産相続では、有効な遺言書があってもその通り実行されない場合もあります。確実に実行してもらうには、相続人と利害関係のない人を遺言執行者として指名しておくとよいでしょう。

自筆遺言書の保管場所

せっかく遺言書を遺しても、家族がその存在や保管場所を知らないと、遺言書が発見されないこともあります。かといって、容易に目につく場所に置いておけば、改変や隠匿の恐れも出てきます。銀行の貸金庫に預ける方法もありますが、死後に貸金庫を開ける手続きは手間がかかります。

信頼できる遺言執行者に保管をお願いするか、弁護士などに遺言の執行とあわせて保管を依頼する方法も有効です。

◆自筆証書遺言 例◆

遺言書

遺言者大泉春夫は、次の通り遺言する。

1. 遺言者は遺言者の有する次の不動産、預貯金等を含む一切の財産を、
遺言者の妻大泉夏美（昭和45年8月8月生）に相続させる ①

(1) 土地 ②
所在／東京都新宿区矢来町六丁目　地番／1010番
地目／宅地　地積／100㎡

(2) 建物
所在／東京都新宿区矢来町六丁目3番地
家屋番号／1010番　種類／居宅
構造／鉄筋鉄骨造スレート瓦陸屋根　2階建て
床面積／1階45㎡、2階40㎡

(3) 遺言者名義の預貯金および債権の全部を含む金融資産 ③
1 ◯◯銀行　◯◯支店　口座番号123456
2 △△銀行　△△支店　口座番号987456
3 □□銀行　□□支店　口座番号048689
4 株式会社◯◯薬品の株式10,000株

(4) その他、遺言者に属する一切の財産

2. 本遺言の発効以前に前記妻大泉夏美が死亡した場合は、上記規定により同人が取得する予定であった財産を、
長男大泉秋久（平成元年10月1日生）に相続させる。④

3. 遺言者は、祖先の祭祀を主宰すべきものとして、妻大泉夏美を指名する。⑤

4. 遺言者は、本遺言の執行者として、兄大泉太郎を指定する。⑥

5. 付言事項
妻の幸せを願い、このような遺言をしました。秋久と冬子は母親を大切にしてください。⑦

平成28年10月1日 ⑧

⑨ 東京都新宿区矢来町六丁目1010番
遺言者　大泉春夫 （印：大泉）⑩

① 相続人については「相続させる」、相続人以外の第三者は「遺贈する」と記入。
後者の場合は、相手を特定できるように、氏名と生年月日のほか、職業と住所も書いておく。
② 不動産は登記簿謄本の通りに正確に記載すること。マンションの記入例はp.157を参照。
③ 金融機関名、支店名、口座番号をきちんと記載。
④ 相手が先に亡くなった場合に備えて予備的な遺言が可能。
⑤ 祭祀の主宰を指定することができる。
⑥ 遺言を確実に実行してもらえるように遺言執行者を指名する。
⑦ 家族へのメッセージや遺言をした理由などを書く。
⑧ 作成年月日を正確に書く。
⑨ 本人確認のためになるべく住所は記入する。
⑩ 戸籍名で署名後、押印する。

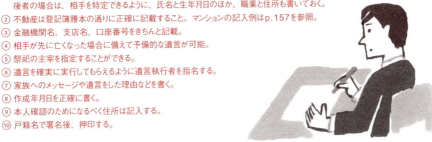

遺言書に書ける相続と財産のこと

遺言書に書いてもよい「相続に関する財産上のこと」には次のようなものがあります。

遺産の分け方

「不動産を妻に、自動車は長男に相続させる」など、遺産ごとに相続人を指定できます。第三者への遺贈や寄付先の指定も可能です。

相続分の指定

「妻に全部」や子どもが複数いる場合も均等ではなく、長女の相続割合を多くするなど、法定相続分とは異なる割合を指定できます。

負担付遺贈

「不動産を相続させる代わりに義母の面倒を見てほしい」など、財産を相続させる代わりに、一定の条件を付けることもできます。

遺産分割の禁止

「死んでから最長5年の間、遺産分割協議をしてはならない」と書くこともできます。その間の遺産は相続人の共有財産となります。

遺言執行者の指定

遺言の内容を確実に実行してもらうために、遺言執行者を指定できます。一人だけでなく複数指定してもかまいません。

遺留分の減殺方法の指定

遺言書で自分の遺留分を侵害された法定相続人から、相続人に支払請求がきたときの、支払方法を指定しておけます。

生命保険の受取人の指定

遺言書で生命保険の受取人の指定や変更をすることができますが、受け取りの際は、保険契約書上の受取人の同意が必要です。

祭祀の主宰者

先祖代々の墓や仏壇などの「祭《さい》祀《し》財産《ざいさん》」を引き継ぎ、先祖の供養をするのは誰かということも、遺言書で指定できます。

用語解説

「遺留分」って？

相続人が最低限受け取ることができる相続分の保障のこと。遺言の分割指示によって不公平が生じる場合、相続人の権利が最低限守られるように法律で定められている。

遺言書への財産の書き方

遺言書にはすべての財産を細かく書かずに、名義変更の必要な不動産や預貯金などの主要な財産のみ記載する方法もあります。

預貯金など金融資産の書き方

個別の口座や証券を特定の人に相続させる場合や、金融資産を現金にした上で分ける場合があります。金融機関名や口座番号を記載する場合は正確に。金額は変動するので、具体的な数字は書かないようにしましょう。

▼口座ごとに誰に相続させるかを書く場合

遺言書

遺言者大泉春夫は、次の通り遺言する。

1.　遺言者は、長男大泉秋久（平成元年10月1日生）に〇〇銀行〇〇支店（口座番号123456）の預貯金債権のすべてを相続させる

〜以下略〜

▼すべて換金して数人で相続させる場合

遺言書

遺言者大泉春夫は、次の預貯金及び株式、債券を含むすべての金融資産を換価処分の上、妻大泉夏美（昭和45年8月8日生）、長男大泉秋久（平成元年10月1日生）、長女大泉冬子（平成3年1月10日生）に各３分の１の割合で相続させる。

(1)遺言者名義の預貯金

〇〇銀行〇〇支店（口座番号123456）

(2)遺言者名義の株式

株式会社〇〇薬品の株式すべて

〜以下略〜

不動産の書き方

遺言書に不動産の情報を記載する場合には、登記簿謄本に記載されている所在地を正確に記載します。登記上の住所はふだん使用している住所と違うことがあるので要注意です。間違っていると無効になることもあります。

遺言書

遺言者大泉春夫は、次の通り遺言する。

1. 遺言者は遺言者の有する次の不動産を遺言者の妻大泉夏美（昭和45年8月8日生）に相続させる。

(1) 遺言者名義のマンションの一室

（１棟の建物の表示）

所在／東京都新宿区矢来町六丁目３番地

建物の名称／パークアベニュー

（専有部分の建物表示）

家屋番号／東京都新宿区矢来町六丁目３番地の501

建物名称／ 501

種類／居宅

構造／鉄筋鉄骨造スレート瓦陸屋根　7階建て

床面積／ 5階部分85平方メートル

（敷地権の表示）

所在及び地番／東京都新宿区矢来町六丁目３番地

地目／宅地

地積／ 850.00平方メートル

敷地権の種類／所有権

敷地権の割合／ 850分の35

〜以下略〜

たとえばこんなとき、遺言書の書き方

いろいろなケースの遺言書の書き方を見て参考にしてください。

素行の悪い長女に財産を引き継がせたくない

日頃から素行の悪い子どもに財産を引き継がせたくない場合、相続人から「廃除」することができ、遺留分を含む相続権一切を奪うことができます。もし確実に相続人から廃除したい場合は、生前のうちに家庭裁判所へ申し立てておくのがおすすめです。

遺言書

遺言者大泉春夫は、次の通り遺言する。

1　遺言者の長女大泉冬子（平成4年1月10日生）は、20歳を過ぎた頃から身の丈にあわない派手な生活を送るようになり、何度も莫大な借金をつくっては返済が滞り、その度に遺言者が借金を肩代わりしているため、遺言者は長女大泉冬子を相続人から廃除する。

2　遺言執行者として、弁護士山田太郎（東京都渋谷区神南〇丁目〇番〇号）を指定する。

平成28年10月31日

東京都新宿区矢来町六丁目1010番

遺言者　大泉春夫

事業を継続させるため長男に店を譲りたい

全財産からみて、長男が引き継ぐ事業の価値が高い場合は、ほかの相続人の遺留分を侵害する恐れがあります。なぜ、長男に事業を承継させるのかという理由を「付言事項」に明記し、ほかの相続人に納得してもらいましょう。

遺言書

遺言者大泉春夫は、次の通り遺言する。

1　遺言者の長男大泉秋久（平成元年10月1日生）に、次の財産を相続させる。

① 遺言者が有する株式会社〇〇〇の株式すべて

② 土地／所在：東京都新宿区矢来町三丁目、
地番：1番2、地目：宅地、地積：50平方メートル
建物／所在：東京都新宿区矢来町三丁目10番地4、
家屋番号：1番2の3、種類：工場、構造：木造瓦葺、
床面積：40平方メートル

2　上記1に記載したもの以外の全ての財産を遺言者の妻大泉夏美（昭和45年8月8日生）に相続させる。

3　遺言執行者として、弁護士山田太郎（東京都渋谷区神南〇丁目〇番〇号）を指定する。

4　付言事項
これまで私の下について支えてきてくれた長男に、事業を継いでもらうことにした。ほかの子どもたちは長男の事業運営を見守ってほしい。

平成28年10月31日

東京都新宿区矢来町六丁目1010番

遺言者　大泉春夫

遺言書を書き直したい

遺言書は、死ぬまでの間何度でも書き直しができます。

最後の遺言書が有効

遺言書は、いつでも書いた内容の一部または全部を変更することができます。死後、違う内容の複数の遺言書が見つかった場合には、もっとも新しい日付のものが有効とされます。

遺言書の書き直しポイント

- □ 遺言書は最新の日付のものが有効
- □ 書き直しは全文を改めて書くほうがよい
- □ 古い遺言書は廃棄して混乱を防ぐ
- □ 遺言書の取り消しは、自筆→公正、公正→自筆どちらも可能。

書き直しと取り消しは明確に

全文を書き直さずに、一部分のみ書き直すこともできますが、一部を訂正する場合は「第何行目の第何字を何文字削り、何文字加える」という附記を加え、訂正印を押すというルールがあります。たいへんややこしくなるので、書き直すときは、全文を改めて書いたほうがよいでしょう。

また、何通も内容が異なる遺言書が見つかると混乱を招く恐れがあるので、古い遺言書は廃棄したほうが無難です。

遺言書取り消しの注意点

遺言書を取り消すときには、最初に書いた遺言書と方式をそろえる必要はありません。

自筆証書遺言を、公正証書遺言で取り消すこともできます。公正証書遺言は、原本が公証役場に保管されますが、それを再び取り消したい場合は、新たな自筆証書遺言または新たな公正証書遺言で取り消します。取り消しや書き直しは繰り返すほど混乱しやすいので、最初に書くときに内容を熟考することが重要です。

公正証書遺言の作り方

公証役場に遺言書の原本が保管されるため安心ですが、費用もかかります。

公証役場で作成する

公証役場は、公証人が私的な文書の公証や、会社を設立するときの定款の認証などを行っているところです。全国に約３００カ所設置されているので、最寄りの公証役場を利用しましょう。

公正証書遺言を作成するときは、通常、公証役場を訪問します。ただし、遺言書を遺す本人が病気で入院中であったり、自宅や施設から出られない場合には、公証人に指定の場所まで出張してもらうことも可能です。

手続きの流れ

公正証書遺言を作成するには、必要書類を準備し、公証人と相談しながら遺言書の内容を詰め、公証人が遺言者の口述にもとづき遺言書を筆記します。署名・押印を行う日は、公証人が遺言者と二名以上の証人の前で遺言書を読み上げます。内容に間違いがなければ、遺言者と証人それぞれが署名・押印します。最後に公証人が署名・押印し、完成した遺言書の原本は、公証役場に保管され、遺言者には正本と謄本が渡されます。

公正証書遺言のフロー

1. 遺言書の下書きをつくる
2. 公証役場へ行き公証人と打ち合わせを行う
3. 戸籍謄本などの書類を用意し公証役場へ提出する
4. 遺言の文面を受け取り内容を確認する
5. 公証役場で公証人と証人（二名）立ち会いのもと遺言書を作成する

公正証書遺言に必要なもの

□ 証人2名

NG ／ここに該当する人以外で探す

① 20 歳以下の者
② 遺言者の推定相続人
③ 遺言の中で遺贈を受ける予定となってる者
④ 上の②③の配偶者・直系血族
⑤ 公証人の配偶者・4親等内の親族、公証役場の職員

□ 初回に持参する書類

① 遺言者の実印と印鑑登録証明書
② 遺言者と相続人の戸籍謄本（遺言者との続柄が記載されているもの）
③ 受遺者（推定相続人ではない場合）の住民票
④ 財産に不動産や借地借家権がある場合は、不動産登記簿謄本・固定資産評価証明書（または固定資産税・都市計画税納税通知書中の課税明細書）
⑤ 証人予定者の氏名・住所・生年月日・職業記載のメモ

□ その他

① 財産一覧表（可能であれば、寄与分・特別受益の一覧表も用意）
② 相続させる予定の財産の明細がわかるもの（預金通帳・株券・車検証書）
③ 相続人間関係図を作成したメモ

公証人手数料

相続財産の価格　※1人あたりに相続または遺贈する金額

～100 万	5,000 円
～200 万	7,000 円
～500 万	11,000 円
～1,000 万	17,000 円
～3,000 万	23,000 円
～5,000 万	29,000 円

注 1）価額が算定不能の場合、11,000 円となる。

遺言加算料

財産が1億円以下の場合は、左記の手数料額に1万 1,000 円が加算される。

出張費

公証人が病院や自宅に出向いて遺言書を作成するときは、日当2万円（4時間以内は1万円）のほか交通費の実費や病床執務手数料（公証人手数料の2分の1を加算）がかかる。

もしものときのための情報共有ノート

家族の「もしものとき」のために、p.144 ～ p.149 にある事柄を
家族間で話し合い、このノートに記入しておきましょう。

※記入しづらい場合は、各ページを大きめにコピーして使用しましょう。

基本情報（保険証・免許証・年金手帳など）

名称	記号・番号	保管場所・備考
健康保険証		
運転免許証		
年金手帳		
パスポート		

預貯金について

金融機関		支店・店番		預貯金の種類	
口座番号		名義人		暗証番号	
Web用ID		備考			
金融機関		支店・店番		預貯金の種類	
口座番号		名義人		暗証番号	
Web用ID		備考			
金融機関		支店・店番		預貯金の種類	
口座番号		名義人		暗証番号	
Web用ID		備考			
金融機関		支店・店番		預貯金の種類	
口座番号		名義人		暗証番号	
Web用ID		備考			

クレジットカード

カード名称	クレジットブランド	カード番号
		－ － －
解約時の連絡先	Web用ID	備考

カード名称	クレジットブランド	カード番号
		－ － －
解約時の連絡先	Web用ID	備考

カード名称	クレジットブランド	カード番号
		－ － －
解約時の連絡先	Web用ID	備考

各種保険（生命保険、医療保険、火災保険、自動車保険、学資保険など）

保険名・保険会社				証券番号	
保険金額					
契約者		被保険者		受取人	
契約内容					

保険名・保険会社				証券番号	
保険金額					
契約者		被保険者		受取人	
契約内容					

保険名・保険会社				証券番号	
保険金額					
契約者		被保険者		受取人	
契約内容					

携帯電話について

契約会社	携帯電話番号	名義人
携帯メールアドレス		
もしものとき（登録情報、送受信メールを残すかどうか）		

パソコンについて

契約会社	サポートセンター連絡先

プロバイダ名	プロバイダの連絡先

メールアドレス	備考（使用目的）

もしものとき（登録情報、送受信メールを残すかどうか）

利用中のWebサイトやSNSについて

サイト名		メール アドレス	
ID パスワード		もしものとき	データ消去 / 追悼アカウント
サイト名		メール アドレス	
ID パスワード		もしものとき	データ消去 / 追悼アカウント
サイト名		メール アドレス	
ID パスワード		もしものとき	データ消去 / 追悼アカウント
サイト名		メール アドレス	
ID パスワード		もしものとき	データ消去 / 追悼アカウント

財産

1　不動産

土地・建物	所在・地番	種類	面積	備考

2　動産

品目	内容	スペック	金額	備考

3　預貯金

種別	銀行・支店名	口座番号	金額	備考

4　株式・投資信託

種別	銀行・証券会社	所有銘柄	株式番号等	数量	備考
				0	
				口	
				株	
				口	
				株	
				口	

負債

種別	借入先	毎月の支払い	残債務額	備考

もしものときの連絡先

ふりがな		関係		
名前				
住所		電話		
携帯電話		もしものとき	入院時の連絡 する・しない・どちらでもよい	危篤時の連絡 する・しない・どちらでもよい
備考			葬儀の連絡 する ・ しない ・ どちらでもよい	

ふりがな		関係		
名前				
住所		電話		
携帯電話		もしものとき	入院時の連絡 する・しない・どちらでもよい	危篤時の連絡 する・しない・どちらでもよい
備考			葬儀の連絡 する ・ しない ・ どちらでもよい	

ふりがな		関係		
名前				
住所		電話		
携帯電話		もしものとき	入院時の連絡 する・しない・どちらでもよい	危篤時の連絡 する・しない・どちらでもよい
備考			葬儀の連絡 する ・ しない ・ どちらでもよい	

ふりがな		関係		
名前				
住所		電話		
携帯電話		もしものとき	入院時の連絡 する・しない・どちらでもよい	危篤時の連絡 する・しない・どちらでもよい
備考			葬儀の連絡 する ・ しない ・ どちらでもよい	

ふりがな		関係		
名前				
住所		電話		
携帯電話		もしものとき	入院時の連絡 する・しない・どちらでもよい	危篤時の連絡 する・しない・どちらでもよい
備考			葬儀の連絡 する ・ しない ・ どちらでもよい	

ふりがな		関係		
名前				
住所		電話		
携帯電話		もしものとき	入院時の連絡 する・しない・どちらでもよい	危篤時の連絡 する・しない・どちらでもよい
備考			葬儀の連絡 する ・ しない ・ どちらでもよい	

ふりがな		関係		
名前				
住所		電話		
携帯電話		もしものとき	入院時の連絡 する・しない・どちらでもよい	危篤時の連絡 する・しない・どちらでもよい
備考			葬儀の連絡 する ・ しない ・ どちらでもよい	

ふりがな		関係		
名前				
住所		電話		
携帯電話		もしものとき	入院時の連絡 する・しない・どちらでもよい	危篤時の連絡 する・しない・どちらでもよい
備考			葬儀の連絡 する ・ しない ・ どちらでもよい	

葬儀とお墓について

葬儀の宗教について			
□ 仏教　□ 神道　□ キリスト教　□ その他の宗教（　　　　）　□ 無宗教			
宗派			
菩提寺、または特定の寺社・教会や宗派を希望する場合			
名称		宗派	
住所		電話	
葬儀会場の候補			
第一候補会場		電話	
第二候補会場		電話	
希望の埋葬方法（先祖代々の墓、納骨堂、永代供養、樹木葬、自宅に置いてほしい、散骨など）			
お墓の場所について			
墓地の名称		連絡先	
所在地			
墓地使用権者			

遺言書について

遺言書の有無	□ 遺言書を作成していない　□ 遺言書を作成している
	□ 自筆証書遺言　□ 公正証書遺言　□ 秘密証書遺言
遺言書の保管先	
最新作成日	年　月　日
遺言執行者	名前　連絡先
備考	

さまざまな手続きで困ったときは？

手続きや相続で困ったら各窓口や専門家に相談

本書で紹介したように、各種書類手続きは状況によってやり方が異なるものも多く、一人で進めることはやや困難な場合もあります。

市区町村役場にはさまざまな相談・支援を行う窓口が設けられています。まずは最寄りの役場にそのような窓口があるかどうかを確認しましょう。また、手数料がかかりますが、下記のようなその道の専門家に相談するのもおすすめです。

困ったときはこんな人へ相談しましょう

1　年金にまつわる相談

→**社会保険労務士**

社会保険や年金などの社会保障制度についての専門家。
遺族年金の手続きなどの代行が可能。

2　所得税・贈与税・相続税・法人税の相談

→**税理士**

所得税・贈与税や相続税など税にまつわること全般の専門家。
相続税発生の有無の相談や財産の評価、税金の申告などの手続き代行が可能。

3　相続手続きや遺言書作成の相談

→**行政書士**

役所へ提出する申請書類の作成と手続きについての専門家。
相続関連の手続き、遺言書作成のための書類収集などの相談が可能。

4　不動産の所有、または相続についての相談

→**司法書士**

不動産登記や相続に関する書類作成などを行う専門家。
遺言書の作成、遺産分割協議書の作成、相続後の遺産の名義変更など。
家庭裁判所への申し立て書類の作成や申し立ても行う。

5　相続問題や争い、遺言書についての相談

→**弁護士**

遺言書作成の指導だけでなく、遺言執行者となることも可能。
遺産分割協議書の作成のほか、相続に関してのトラブル相談にも対応。

用語索引

用語　ページ

用語　ページ

書類別索引

監修

税理士

小関勝紀

昭和23年生まれ。北海道様似町出身。昭和45年、東京経済大学卒業。昭和58年、帝京大学法学研究科修士課程修了。昭和62年、小関勝紀税理士事務所を開設。平成元年、株式会社インターティ・エス・オー設立。現在、東京税理士会上野支部の顧問相談役。株式会社ファンケルの社外監査役から、平成28年6月、社外取締役に就任。現在は大手企業、中小企業、個人自営業、スポーツ選手、芸能人など、多数の顧問先を抱え会計、税務、登記の業務で幅広く活躍中。監修書に『身近な人の葬儀と葬儀後の手続きと届け出が分かる本』(学研)がある。

http://inter-tso.com/

STAFF

表紙・カバーデザイン　GRiD（釜内由紀江）

本文デザイン・DTP　Zapp!

イラスト　堀川直子

原稿執筆　加茂直美

編集協力　株式会社スリーシーズン(奈田和子、藤門杏子、川上靖代、鈴木由紀子)、植松まり

夫にもしものことがあったとき妻が読む本

2016年11月25日　初版発行

監修者　小関勝紀

発行者　佐藤龍夫

発行　株式会社大泉書店

住所　〒162-0805　東京都新宿区矢来町27

電話　03-3260-4001(代)

FAX　03-3260-4074

振替　00140-7-1742

印刷　半七写真印刷工業株式会社

製本　株式会社明光社

URL　http://www.oizumishoten.co.jp/

ISBN978-4-278-03543-8　C0077